새로운 도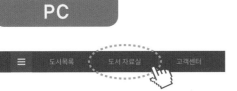
다양한 자
동양북스
홈페이지에서
만나보세요!

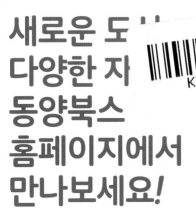

www.dongyangbooks.com
m.dongyangbooks.com

홈페이지 도서 자료실에서 학습자료 및 MP3 무료 다운로드

PC

| ≡ | 도서목록 | 도서자료실 | 고객센터 |

❶ 홈페이지 접속 후 **도서 자료실** 클릭
❷ **하단 검색 창**에 검색어 입력
❸ MP3, 정답과 해설, 부가자료 등 첨부파일 다운로드
* 원하는 자료가 없는 경우 '요청하기' 클릭!

MOBILE

* 반드시 '인터넷, Safari, Chrome' App을 이용하여 홈페이지에 접속해주세요. (네이버,
다음 App 이용 시 첨부파일의 확장자명이 변경되어 저장되는 오류가 발생할 수 있습니다.)

📖 **동양북스**

검색어를 입력하세요 🔍

❶ 홈페이지 접속 후 ≡ 터치

📖 **동양북스**	✕
🔓 로그인	🗒 마이페이지
🎛 도서	
일본어	중국어
영어	기타외국어
한국어	단행본
한자	도서 자료실
다운로드Tip	

❷ **도서 자료실** 터치

≡ 📖 **동양북스**

검색어를 입력하세요 🔍

🏠 Home › 도서 › 도서 자료실

일단 합격 신HSK 한 권이면 끝! 4급 MP3
MP3 2020.03.19

세상에서 제일 쉬운 10문장 영어회화 MP3
MP3 2020.03.19

|< ‹ 1 2 3 4 5 › >|

검색

❸ **하단 검색창에 검색어 입력**
❹ MP3, 정답과 해설, 부가자료 등 첨부파일 다운로드
* 압축 해제 방법은 '다운로드 Tip' 참고

미래와 통하는 책

가장 쉬운 독학
일본어 첫걸음
14,000원

버전업! 굿모닝
독학 일본어 첫걸음
14,500원

일단 합격하고 오겠습니다
JLPT 일본어능력시험 N3
26,000원

일본어 100문장 암기하고
왕초보 탈출하기
13,500원

가장 쉬운 독학
중국어 첫걸음
14,000원

가장 쉬운 중국어
첫걸음의 모든 것
14,500원

일단 합격 新HSK
한 권이면 끝! 4급
24,000원

중국어
지금 시작해
14,500원

영어를 해석하지 않고
읽는 법
15,500원

미국식
영작문 수업
14,500원

세상에서 제일 쉬운
10문장 영어회화
13,500원

영어회화
순간패턴 200
14,500원

가장 쉬운 독학
베트남어 첫걸음
15,000원

가장 쉬운 독학
프랑스어 첫걸음
16,500원

가장 쉬운 독학
스페인어 첫걸음
15,000원

가장 쉬운 독학
독일어 첫걸음
17,000원

동양북스 베스트 도서

THE
GOAL 1
22,000원

인스타
브레인
15,000원

직장인, 100만 원으로
주식투자 하기
17,500원

당신의 어린 시절이
울고 있다
13,800원

놀면서 스마트해지는 두뇌 자극
플레이북 딴짓거리 EASY
12,500원

죽기 전까지
병원 갈 일 없는 스트레칭
13,500원

가장 쉬운 독학
이세돌 바둑 첫걸음
16,500원

누가 봐도 괜찮은 손글씨 쓰는
법을 하나씩 하나씩 알기 쉽게
13,500원

가장 쉬운 초등 필수 파닉스
하루 한 장의 기적
14,000원

가장 쉬운 알파벳 쓰기
하루 한 장의 기적
12,000원

가장 쉬운 영어 발음기호
하루 한 장의 기적
12,500원

가장 쉬운 초등한자 따라쓰기
하루 한 장의 기적
9,500원

세상에서 제일 쉬운
엄마표 생활영어
12,500원

세상에서 제일 쉬운
엄마표 영어놀이
13,500원

창의쑥쑥 환이맘의
엄마표 놀이육아
14,500원

 동양북스
www.dongyangbooks.com
m.dongyangbooks.com

일본어뱅크

상황별 실전회화 & 이메일쓰기를 동시에 배우는

하나스 가쿠 비즈니스 일본어

1

조남성, 조선영, 최진희, 이이호시카즈야 지음

동양북스

하나스 가쿠
비즈니스
일본어 ①

초판 인쇄 | 2021년 1월 8일
초판 발행 | 2021년 1월 15일

지은이 | 조남성, 조선영, 최진희, 이이호시카즈야
발행인 | 김태웅
책임편집 | 이선민
디자인 | 남은혜, 신효선
일러스트 | 김정은
마케팅 | 나재승
제 작 | 현대순

발행처 | (주)동양북스
등 록 | 제 2014-000055호(2014년 2월 7일)
주 소 | 서울시 마포구 동교로22길 14 (04030)
구입 문의 | 전화 (02)337-1737 팩스 (02)334-6624
내용 문의 | 전화 (02)337-1762 dybooks2@gmail.com

ISBN 979-11-5768-675-9 14730
      979-11-5768-674-2 (세트)

이 도서의 국립중앙도서관 출판예정도서목록(CIP)은 서지정보유통지원시스템 홈페이지(http://seoji.nl.go.kr)와
국가자료공동목록시스템(http://www.nl.go.kr/ kolisnet)에서 이용하실 수 있습니다.
(CIP제어번호:CIP2020051631)

머리말

이 책에서는 초·중급 일본어 학습자가 비즈니스 여러 장면에서 사용하게 될 일본어 표현을 배운다. 스텝1은 비즈니스에서 자주 접하는 주요 장면인 자기소개, 메일 업무 연락, 전화 업무(사내 및 사외), 업무 의뢰 및 보고로 구성되어 있다.

이러한 장면을 단원(Part)으로 구성해서, 학습자에게 필요한 비즈니스 회화 문장과 메일 문장에서 자주 쓰이는 표현을 제시하고 있다.

단원 구성의 특징은 다음과 같다.

❶ 단원마다 실전 회화와 이메일 쓰기를 제시하고 있다.

❷ 실전 회화의 경우는 비즈니스 주요 어휘와 표현, 문법과 문형, 회화 문장 연습, 그리고 본문인 실전 회화 및 종합 연습, 롤플레이 순으로 제시하고 있다.

❸ 이메일 쓰기의 경우는 비즈니스 주요 어휘와 표현, 문법과 문형, 이메일 문장 연습, 그리고 본문인 실전 이메일, 종합 연습, 메일 쓰기 연습 순으로 제시하고 있다.

❹ 어휘 학습의 중요성을 생각하여 기본적으로 새로 나온 어휘는 쪽마다 제시하고 있다. 무엇보다도 단원마다 비즈니스 주요 어휘와 표현에서는 그 사용 예문을 먼저 제시하여 학습하도록 하고 있다.

이 책은 모든 한자에 읽기를 가나로 제시하고, 어휘 및 표현, 문법과 문형에 대해서 예문을 제시하며 자세히 설명하고 있다. 그리고 〈부록〉에서 비즈니스 일본어에서 가장 중요한 경어에 대해서, 본문에 사용한 경어를 예문 중심으로 자세히 종합적으로 설명하고 있으며, 비즈니스 이메일 보내기, 비즈니스 단신 보고, 비즈니스 주요 용어 등 학습자의 수준에 따라 활용할 수 있도록 다양한 내용을 제공하고 있다.

끝으로 이 책은 모든 비즈니스 장면에서 대응하도록 사용 빈도가 높은 다양한 어휘 및 표현을 제시하며 구성했으나, 부족한 면이 있으리라 생각한다. 이 점에 대해서 여러분의 많은 조언을 바란다.

이 책이 학습자 여러분의 비즈니스 장면에서의 의사소통에 조금이나마 도움이 되었으면 한다.

저자 일동

이 책의 구성

총 6개의 단원(Part)으로 되어있으며, 각 파트는 '실전 회화 편'과 '이메일 쓰기 편'으로 나눠져있습니다.

1. 실전 회화 편

주요 어휘와 표현

각 과에서 배울 주요 표현을 미리 살펴보며, 주요 어휘는 예문과 한자 쓰기를 통해 정확하게 익힐 수 있습니다.

문법과 문형

주요 문법과 문형에 대해 설명해 두었으며 비즈니스 현장에서 바로 쓸 수 있는 실전 예문을 통해 사용법을 익힐 수 있습니다.

회화 문장 연습

A–B의 회화 문장 형식을 통해 실전 회화에 필요한 주요 표현에 대해 학습합니다. 비즈니스 현장에서 바로 쓸 수 있는 실전 예문을 통해 정확한 표현을 익힐 수 있습니다.

실전 회화 및 종합 연습

앞에서 배운 주요 표현이 들어있는 비즈니스 상황별 실전 회화를 생생한 녹음 파일과 함께 익힐 수 있습니다. 종합 연습을 통해 반복 연습을 하며 확실하게 익힐 수 있습니다.

롤플레이

주어진 비즈니스 상황 속 역할이 되어 연습해봄으로써, 실제 비즈니스 현장에서도 일본어로 말할 수 있도록 구성된 회화 연습입니다.

주요 어휘와 표현

각 과에서 배울 주요 표현을 미리 살펴보며, 주요 어휘는 예문과
한자 쓰기를 통해 정확하게 익힐 수 있습니다.

문법과 문형

주요 문법과 문형에 대해 설명해 두었고, 비즈니스 현장에서 바로
쓸 수 있는 실전 예문을 통해 바로 익힐 수 있습니다.

이메일 문장 연습

비즈니스 이메일을 쓰는데 꼭 필요한 주요 표현에 대해 학습합니다.
실전 예문을 통해 정확한 문장 표현을 익힐 수 있습니다.

실전 이메일 및 종합 연습

앞에서 배운 주요 표현이 들어있는 비즈니스 상황별 이메일 문장을 통해
실전 이메일 문장을 학습하며, 녹음파일을 통해 정확히 익힐 수 있습니다.
종합 연습을 통해 반복 연습을 하며 확실하게 익힐 수 있습니다.

메일 쓰기 연습 / 비즈니스 칼럼

앞에서 학습한 이메일 작성의 문장을 직접 써보면서 확실하게 익힐 수
있도록 하였습니다. 비즈니스 칼럼을 통해 비즈니스 일본어 현장에서
도움이 되는 내용을 익힐 수 있습니다.

비즈니스 일본어에서 가장 중요한 경어를
간단한 설명과 예문 중심으로 정리해 두었습니다.
일본어 이메일 보내기, 비즈니스 단신보고, 비즈니스 주요 용어를
정리해 두어 쉽게 확인할 수 있습니다.

차례

Part 1

<ruby>自<rt>じ</rt></ruby><ruby>己<rt>こ</rt></ruby><ruby>紹<rt>しょう</rt></ruby><ruby>介<rt>かい</rt></ruby>

자기소개

第1課

じ こ しょうかい
自己紹介

실전 회화

はじめまして。
モモ社営業部の朴一虎と申します。
しゃえいぎょうぶ　　パクイルホ　　もう

처음 뵙겠습니다. 모모사 영업부의 박일호라고 합니다.

학습 목표

 처음 만나는 거래처 사람에게 자기소개를 할 수 있다.

| 주요 표현 |

はじめまして。

これから色々とお世話になります。
いろいろ　　せ わ

こちらこそよろしくお願いします。
ねが

주요 어휘와 표현　🎧 Track 01-01

자기소개

□ えいぎょうぶ	営業部	영업부	
□ もうす	申す	말하다	★「言う(말하다)」의 겸양어
□ かいはつぶ	開発部	개발부	
□ おんしゃ	御社	귀사	
□ たんとうする	担当する	담당하다	
□ せわ	世話	신세	★「お世話」의 형태로 많이 사용한다.

예문 확인

❶ 営業部 영업부
> 예 ご不明な点は営業部にお問い合わせください。
> 불명확한 점은 영업부에 문의해 주십시오.

❷ 申す 말씀드리다
> 예 社長には私が交渉結果を申しておきます。
> 사장님께는 제가 교섭 결과를 말씀드려 놓겠습니다.

❸ 開発部 개발부
> 예 開発部の部署はどちらでしょうか。 개발부 부서는 어느 쪽입니까?

❹ 御社 귀사
> 예 御社にぜひ協力をお願いしたいのです。
> 귀사에 꼭 협력을 부탁드리고 싶습니다.

❺ 担当する 담당하다
> 예 このプロジェクトを担当する佐藤と申します。
> 이 프로젝트를 담당하는 사토라고 합니다.

❻ 世話 신세
> 예 先日は大変お世話になりました。 지난번엔 매우 신세 많았습니다.

✏ 한자 쓰기 연습

営業部	開発部	御社	担当	世話

word

ご不明な点 불명확한 점　　問い合わせ 문의　　交渉 교섭　　部署 부서　　協力 협력

プロジェクト 프로젝트

문법과 문형

① はじめまして。 처음 뵙겠습니다.

「はじめまして」는 처음 만났을 때 사용하는 인사말이다. 조금 더 공손한 표현으로 「はじめてお目に かかります」가 있다.

실전 예문

① はじめまして。○○社の鈴木と申します。 처음 뵙겠습니다. ○○사 스즈키라고 합니다.
② 佐藤と申します。はじめまして。 사토라고 합니다. 처음 뵙겠습니다.
③ はじめまして。よろしくお願いします。 처음 뵙겠습니다. 잘 부탁합니다.
④ はじめまして。木村です。 처음 뵙겠습니다. 기무라입니다.

② これから色々とお世話になります。 앞으로 여러 가지로 신세지겠습니다.

いつもお世話になっております。 항상 신세지고 있습니다.

一年間、お世話になりました。 1년간 신세졌습니다.

「お世話になります」는 앞으로 상대방이 나를 위해서 무언가 해주게 되는 경우에 사용하는 관례적인 표현이다. 예를 들어 상대방이 우리 회사를 담당하게 되었을 때 앞으로 잘 부탁한다는 의미로 사용한다.

「お世話になっております」는 거래처 등의 상대방에게 사용하는 표현이다. 회사에서 전화를 받았을 때 인사말처럼 사용하기도 한다. 한편, 「お世話になりました」는 담당이 바뀌거나 혹은 부서가 바뀌게 되는 경우 감사의 마음을 담아 사용할 수 있다.

실전 예문

⑤ 1ヶ月間お世話になります。 1개월 동안 신세를 지겠습니다.
⑥ 今後ともお世話になります。 앞으로도 신세를 지겠습니다.
⑦ 日頃はお世話になっております。 평소 신세를 지고 있습니다.

⑧ これまで大変お世話になりました。 이제까지 많이 신세를 졌습니다.

⑨ 今まで大変お世話になりました。 이제까지 많이 신세를 졌습니다.

3 こちらこそよろしくお願いします。 저야말로 잘 부탁합니다.

「こちらこそ」는 주로 상대방의 부탁이나 감사 등의 인사말에 대하여 '저야말로' 부탁하거나 감사한다는 등의 의미로 사용한다. 서로 부탁하거나 감사하는 장면에서 A–B 대화가 이어진다면 A의 인사를 받아서 B쪽에서 사용한다.

실전 예문

⑩ こちらこそお願いします。 저야말로 잘 부탁드립니다.

⑪ こちらこそありがとうございます。 저야말로 고맙습니다.

⑫ こちらこそお世話になりました。 저야말로 신세를 졌습니다.

⑬ こちらこそ申し訳ありません。 저야말로 죄송합니다.

TIP! 御社・貴社와 弊社・当社

「御社」는 상대방의 회사를 높여서 부르는 표현이며, 비슷한 표현으로 「貴社」가 있다. 반대로 자신의 회사는 「弊社」・「当社」와 같이 낮추어서 표현한다. 대화를 진행하는 중에 A가 B의 회사를 높여서 「御社」라고 했을 때 B는 자신의 회사를 언급할 때는 「弊社」와 같이 낮추어서 이야기해야 한다.

---

word

今後とも 앞으로도 **日頃** 평상시

자기소개

1 ～と申（もう）します

A ◇◇社貿易部（しゃぼうえきぶ）の李志秀（イージス）と申（もう）します。よろしくお願（ねが）いします。

◇◇사 무역부의 이지수라고 합니다. 잘 부탁합니다.

B @@社貿易部（しゃぼうえきぶ）の鈴木（すずき）と申（もう）します。こちらこそ、よろしくお願（ねが）いします。

@@사 무역부의 스즈키라고 합니다. 저야말로 잘 부탁드립니다.

「～と申（もう）します」는「～といいます」의 겸양어로 주로 자신의 이름 등을 소개할 때 사용한다. 더 공손하게 표현하려면「～と申（もう）し上（あ）げます」를 사용한다.

실전 예문

① □□社（しゃ）の吉田（よしだ）と申（もう）します。 ㅁㅁ사 요시다라고 합니다.

② 営業部（えいぎょうぶ）の金（キム）と申（もう）します。 영업부 김ㅇㅇ이라고 합니다.

③ 私（わたし）が社長（しゃちょう）に「明日（あす）の会議（かいぎ）は10時（じゅうじ）から」と申（もう）し上（あ）げます。
제가 사장님께 '내일 회의는 10시부터'라고 말씀드리겠습니다.

④ 部長（ぶちょう）には私（わたし）が「交渉（こうしょう）はうまくいった」と申（もう）し上（あ）げます。
부장님께는 제가 '교섭이 잘 되었다'라고 말씀드리겠습니다.

⑤ 私（わたし）が課長（かちょう）に「A社（しゃ）と交渉（こうしょう）しよう」と申（もう）し上（あ）げました。
제가 과장님께 'A사와 교섭하자'라고 말씀드렸습니다.

TIP! 명함(名刺（めいし）)

비즈니스 세계에선 명함(名刺（めいし）)이 중요하다. 특히 일본에서는 명함을 주고 받는 것을 중요하게 생각한다. 보통 자신의 명함과 상대방의 명함을 분리해서 넣어 둔다. 명함에 날짜, 받은 장소, 내용 등을 메모해 두면 다음에 만났을 때 도움이 된다. 명함 지갑에 자신의 명함을 항상 준비해 두는 것이 좋다.

② 失礼ですが

A 失礼ですが、李志秀様でしょうか。

실례합니다만, 이지수 님이십니까?

B はい、そうです。

네, 그렇습니다.

「失礼ですが」는 '실례합니다만'이란 뜻으로 주로 질문을 하는 경우에 문장 앞에 두는 관례적인 표현이다. 「あの(저)」와 같은 용법으로 일종의 완충표현(クッション言葉)이라고 할 수 있다. 물론 개인적인 사항을 질문하는 경우에 정말 실례가 된다는 뜻으로도 사용한다.

실전 예문

⑥ 失礼ですが、お名前は何とお読みすればよろしいでしょうか。
실례지만, 성함을 뭐라고 읽으면 될까요?

⑦ 失礼ですが、名刺をいただけますか。 실례지만 명함을 받을 수 있을까요?

⑧ 失礼ですが、メールアドレスも教えていただけますか。
실례지만 메일 주소도 알려 주실 수 있습니까?

⑨ 失礼ですが、こちらは営業部で間違いないでしょうか。
실례지만 여기가 영업부가 맞는지요?

⑩ 失礼ですが、これからのご予定は？ 실례지만, 앞으로의 예정은 (어떻게 되나요)?

word

うまくいく 잘 되다　　名刺 명함　　メールアドレス 메일 주소

실전 예문 | 새로 담당을 맡게 된 거래처 담당자와 처음 만나 인사하고 있다.

朴（パク）　はじめまして。モモ社営業部（しゃえいぎょうぶ）の朴一虎（パクイルホ）と申（もう）します。

鈴木（すずき）　はじめまして。イチゴ社開発部（しゃかいはつぶ）の鈴木（すずき）と申（もう）します。

朴（パク）　失礼（しつれい）ですが、下（した）のお名前（なまえ）は何（なん）とお読（よ）みすればよろしいでしょうか。

鈴木（すずき）　「ひとみ」です。

朴（パク）　「ひとみ」様（さま）ですね。来月（らいげつ）から御社（おんしゃ）を担当（たんとう）させていただきます。

鈴木（すずき）　これから色々（いろいろ）とお世話（せわ）になります。よろしくお願（ねが）いします。

朴（パク）　いいえ、こちらこそよろしくお願（ねが）いします。

word

色々と（いろいろ） 여러 가지로　**こちらこそ** 저야말로

16

▶ 다음 비즈니스 회화문의 (　　　)에 적당한 표현을 넣어서 연습하세요.

회화 연습 1

A　(1.　　　　　　　　　　　)。○○社総務部の金英雲と申します。

B　△△社営業部の吉田と(2.　　　　　　　　　)。

A　これから色々と(3.　　　　　　　)。

B　いいえ、(4.　　　　　　　)よろしくお願いします。

회화 연습 2

A　(1.　　　　　　　　　)が、下のお名前は

　　何と(2.　　　　　　　　)よろしいでしょうか。

B　「けんすけ」と(3.　　　　　　　)ます。

A　「けんすけ」(4.　　　　　　　　)ですね。よろしくお願いします。

B　こちらこそ、よろしくお願いします。

▶ A, B에 쓰여 있는 역할에 맞게 자기소개를 해 보세요.

자기소개

A ○○社 社員

あなたは○○社開発部で働いています。来週から新しく担当することになった△△社の社員と名刺を交換しながら自己紹介をしていますが、相手の名前の読み方が分かりません。読み方を確認して挨拶をしましょう。

A : ○○사 사원

당신은 ○○사 개발부에서 일하고 있습니다. 다음 주부터 새로 담당하게 된 △△사 사원과 명함을 교환하면서 자기소개를 하고 있습니다만, 상대방 이름을 어떻게 읽어야 할지 모르겠습니다. 읽는 법을 확인하고 인사를 해봅시다.

B △△社 社員

あなたは △△社営業部で働いています。取引先である○○社から新しく担当者が挨拶に来ました。相手が名前の読み方が分からないと言っています。名前の読み方を教えて、「これからよろしくお願いします」と挨拶してみましょう。

B : △△사 사원

당신은 △△사 영업부에서 일하고 있습니다. 거래처인 ○○사에서 새로 담당자가 인사하러 왔습니다. 상대방이 이름을 어떻게 읽어야 할지 모른다고 이야기하고 있습니다. 이름 읽는 법을 알려주고, '앞으로 잘 부탁드립니다'라고 인사해 봅시다.

자기소개

A ○○社　社員
➡

B △△社　社員
➡

第2課

<ruby>自<rt>じ</rt></ruby><ruby>己<rt>こ</rt></ruby><ruby>紹<rt>しょう</rt></ruby><ruby>介<rt>かい</rt></ruby>

이메일 쓰기

はじめてメールを
<ruby>送<rt>おく</rt></ruby>らせていただきます。

처음으로 메일 보내드립니다.

학습 목표

이메일 쓰기 거래처 담당자에게 처음으로 메일을 보낼 수 있다.

| 주요 표현 |

はじめてメールを<ruby>送<rt>おく</rt></ruby>らせていただきます。
<ruby>新<rt>あたら</rt></ruby>しく<ruby>御<rt>おん</rt></ruby><ruby>社<rt>しゃ</rt></ruby>を<ruby>担<rt>たん</rt></ruby><ruby>当<rt>とう</rt></ruby>させていただきます。

주요 어휘와 표현　　🎧 Track 02-01

□ けんめい	件名	건명, 메일 제목	
□ たんとうしゃ	担当者	담당자	
□ へいしゃ	弊社	저희 회사	★타사(社外) 사람에게 자신의 회사를 낮추어 말할 때 사용한다.
□ きんじつ	近日	가까운 시일	★近日中に : 근일 중으로
□ めいわくメール	迷惑メール	스팸메일	★spam mail, junk mail
□ とりいそぎ	取り急ぎ	우선, 급하게	
□ そうきゅうに*	早急に	즉시	★「すぐ」의 정중어

*: 관련 어휘

예문 확인

① 件名 건명　예 メールの**件名**には必ず添付ファイルのファイル名をお書きください。 메일 제목은 반드시 첨부 파일 파일명을 써 주십시오.

② 担当者 담당자　예 **担当者**の方はいらっしゃいますか。 담당자 분은 계십니까?

③ 弊社 저희 회사　예 **弊社**の担当者がそちらに参ります。 저희 회사의 담당자가 그쪽에 가겠습니다.

④ 近日 가까운 시일　예 **近日**中にメールでご返答いたします。
가까운 시일 내에 메일로 답변 드리겠습니다.

⑤ 迷惑メール 스팸메일　예 **迷惑メール**は決して開かないでください。
스팸메일은 절대로 열지 마세요.

⑥ 取り急ぎ 우선 급한 대로　예 **取り急ぎ**、交渉結果をご報告します。
우선 급한 대로 교섭 결과를 보고 드리겠습니다.

⑦ 早急に 아주 빨리　예 領収書を**早急に**お送りください。 영수증을 아주 빨리 보내 주십시오.

☑ 한자 쓰기 연습

件名	弊社	近日	迷惑	取り急ぎ

word

添付ファイル 첨부 파일　　ファイル名 파일명　　参る '가다, 오다'의 겸양어　　返答 답변　　領収書 영수증

문법과 문형

1 はじめてメールを送(おく)らせていただきます。 처음으로 메일 보내드립니다.

동사의 「ない형+(さ)せていただきます」는 화자 자신의 행동을 낮추어 언급하는 것이다. 동사의 기본형 「送(おく)る(보내다)」에서 공손체의 「送(おく)ります(보냅니다)」, 이보다 더 공손한 「お送(おく)りします」, 조금 더 공손하게는 「お送(おく)りいたします」라고 한다. 「送(おく)らせていただきます」는 가장 공손한 형태라고 할 수 있다.

실전 예문

① 本日(ほんじつ)の営業(えいぎょう)は午後(ごご)3時(さんじ)で終(お)わらせていただきます。 오늘 영업은 오후 3시로 끝내겠습니다.

② 3月末(さんがつまつ)で会社(かいしゃ)を辞(や)めさせていただきます。 3월 말로 회사를 그만두겠습니다.

③ 今日(きょう)は会社(かいしゃ)を休(やす)ませていただきます。 오늘은 회사를 쉬겠습니다.

④ 本日(ほんじつ)の発表会(はっぴょうかい)の司会(しかい)をさせていただきます。 오늘 발표회 사회를 보겠습니다.

⑤ 僭越(せんえつ)ながら、乾杯(かんぱい)の音頭(おんど)をとらせていただきます。 외람되지만 건배 선창을 하겠습니다.

TIP! 명함 주고 받기

명함은 양손으로 건네면서 상대방이 보기 편한 쪽으로 돌려 건넨다. 명함을 건네면서 회사명, 부서명, 이름순으로 말한다. 명함을 서로 주고받는 경우에는 오른손으로 건네고, 왼손으로 받는다. 받은 명함은 두 손으로 드는 것이 예의이다.

자기소개

② 新しく御社を担当させていただきます。 새로 귀사를 담당하겠습니다.
　　あたら　　おんしゃ　　たんとう

する동사 앞에 올 수 있는 「명사+させていただきます」는 「～します(합니다, 하겠습니다)」에 대한 겸양어이다. 「～します」보다 조금 더 공손한 표현으로 「～いたします」가 있으며, 이보다 더 공손한 표현으로 「～させていただきます」가 있다. (*3과에서 나오는 「～していただけますか」는 상대방의 행동을 언급할 때 사용하는 것이므로 구분해서 사용해야 한다.)

자기소개

실전 예문

⑥ 本日の営業は午後3時で終了させていただきます。 오늘 영업은 오후 3시로 종료하겠습니다.
　　ほんじつ　えいぎょう　ご　ごさんじ　　しゅうりょう

⑦ 3月末で会社を退社させていただきます。 3월 말에 회사를 퇴사하겠습니다.
　　さんがつまつ　かいしゃ　たいしゃ

⑧ 不良品は弊社で交換させていただきます。 불량품은 저희 회사에서 교환해 드리겠습니다.
　　ふりょうひん　へいしゃ　こうかん

⑨ 明日の10時頃に連絡させていただきます。 내일 10시쯤 연락드리겠습니다.
　　あす　じゅうじごろ　れんらく

⑩ 来週、御社を訪問させていただきます。 다음 주 귀사를 방문하겠습니다.
　　らいしゅう　おんしゃ　ほうもん

---

word

本日 오늘	辞める 그만두다	発表会 발표회	司会 사회	僭越ながら 외람되지만
ほんじつ	や	はっぴょうかい	しかい	せんえつ
音頭を取る 선창하다	退社 퇴사	不良品 불량품	交換する 교환하다	訪問する 방문하다
おんどを と	たいしゃ	ふりょうひん	こうかん	ほうもん

① 弊社 / 御社
へいしゃ　おんしゃ

・来週、弊社から御社の新しい担当者が伺う予定です。
らいしゅう　へいしゃ　おんしゃ　あたら　たんとうしゃ　うかが　よてい

다음 주에 저희 회사에서 귀사의 새로운 담당자가 방문드릴 예정입니다.

접두어「弊〜」는 명사 앞에 붙어서 겸양어를 나타내고,「御〜」은 존경어를 나타낸다.
へい　お/おん

실전 예문

① 弊社の担当者がそちらに伺います。 저희 회사의 담당자가 그쪽으로 찾아뵙겠습니다.
へいしゃ　たんとうしゃ　うかが

② 御社の電話番号をお教えください。 귀사의 전화번호를 알려 주십시오.
おんしゃ　でんわばんごう　おし

③ 弊店ではアルバイトを募集しております。 저희 가게에서 아르바이트를 모집하고 있습니다.
へいてん　ぼしゅう

④ 明日、御店に商品を納入させていただきます。 내일 귀 점포에 상품을 납입하도록 하겠습니다.
あす　おんてん　しょうひん　のうにゅう

⑤ 心より御礼(御礼)申し上げます。 진심으로 감사드립니다.
こころ　おんれい　おれい　もう　あ

② 〜と存じます
ぞん

このような機会を持ちましたこと、大変うれしいことと存じます。
きかい　も　たいへん　ぞん

이러한 기회를 가지게 되어, 대단히 기쁘게 생각합니다.

「〜と存じます」는「〜と思います」의 겸양어이다. 화자 본인의 생각이나 행동에 대해서 사용할 수 있
ぞん　おも
다. 특히「〜たいと存じます」는「〜たいです」보다 공손한 표현으로 화자 본인의 희망을 나타낸다.
ぞん

실전 예문

⑥ 弊社が御社のお役に立てると存じます。 저희 회사가 귀사에 도움이 될 것이라고 생각합니다.
へいしゃ　おんしゃ　やく　た　ぞん

⑦ 弊社に非はないと存じます。 저희 회사에 잘못이 없다고 생각합니다.
へいしゃ　ひ　ぞん

⑧ 今後も海外へ進出しようと存じます。 앞으로도 해외에 진출하려고 합니다.
こんご　かいがい　しんしゅつ　ぞん

⑨ 発表会に御社も招待したいと存じます。 발표회에 귀사도 초대하고 싶습니다.
はっぴょうかい　おんしゃ　しょうたい　ぞん

자기소개

❸ 伺う / 失礼いたします

- 来週伺う予定になっております〇〇社営業部の金理真でございます。
  다음 주 방문할 예정인 〇〇사 영업부의 김이진입니다.

- 取り急ぎ用件のみにて失礼いたします。
  우선 용건만으로 실례하겠습니다.

「伺う」는 「訪ねる(방문하다)」의 겸양어로, 대표적인 겸양어로는 「行く−参る」, 「言う−申し上げる」, 「見る−拝見する」 등이 있다. 「失礼いたします」는 「失礼します」의 겸양어이다.

실전 예문

⑩ 弊社の担当者がそちらに伺います。 저희 회사 담당자가 그쪽에 찾아뵙겠습니다.

⑪ 明日、午後1時に御社に参ります。 내일 오후 1시에 귀사에 가겠습니다.

⑫ この件は私が社長に申し上げます。 이번 건은 제가 사장님께 말씀드리겠습니다.

⑬ これが契約書ですね。拝見します。 이것이 계약서군요. 살펴보도록 하겠습니다.

⑭ 商品は明日中に納品いたします。 상품은 내일 중으로 납품해 드리겠습니다.

---

word

伺う 찾아뵙다, 물어보다　　アルバイト 아르바이트　　募集 모집　　御店 귀 점포　　商品 상품

納入 납입(납품)　　心より 진심으로　　御礼(御礼) 감사　　お役に立てる 도움이 되다　　非はない 잘못은 없다

進出する 진출하다　　申し上げる 말씀드리다　　契約書 계약서　　拝見する 보다(「見る」의 겸양어)

いたす 하다(「する」의 겸양어)

• 실전 이메일

🎧 Track 02-02

실전 예문 ┄┄ 새로 담당을 맡게 된 거래처 담당자에게 메일로 처음 인사를 하고 있다. ┄┄┄┄

To: モモ社開発部の鈴木様
しゃかいはつ ぶ すず き さま

件名:担当者交替のご挨拶
けんめい たんとうしゃこうたい   あいさつ

はじめてメールを送らせていただきます。
おく

私、イチゴ社営業部の金理真と申します。
わたくし しゃえいぎょう ぶ キム イ ジン もう

弊社営業部の李之訓に代わって、新しく御社を担当させていただきます。
へいしゃえいぎょう ぶ イー ジ フン か あたら おんしゃ たんとう

至らぬ点も多いと存じますが、何卒よろしくお願いします。
いた てん おお ぞん なにとぞ ねが

近日中にご挨拶に伺いたいと存じます。
きんじつちゅう あいさつ うかが ぞん

取り急ぎメールにて失礼いたします。
と いそ しつれい

---

word ┄┄┄

交替 교체   **挨拶** 인사   **〜に代わって** ~대신에   **至らぬ点** 부족한 점   **何卒** 아무쪼록
こうたい   あいさつ   か   いた てん   なにとぞ

▶ 다음 비즈니스 메일의 (   )에 적당한 표현을 넣어 비즈니스 메일을 작성하세요.

메일
작성1

はじめてメールを送（おく）らせて (1.   )。

私（わたくし）、○○社管財部（しゃかんざいぶ）の李智民（イージミン）と申（もう）します。

来月（らいげつ）より(2.   )の金（キムか）に代わって、御社（おんしゃ）を担当（たんとう）(3.   )

いただきます。

近日中（きんじつちゅう）にご挨拶（あいさつ）に伺（うが）いたいと (4.   )。

메일
작성2

はじめまして。私（わたくし）、○○社（しゃ）の金由利（キムユリ）と申（もう）します。

来月（らいげつ）から御社（おんしゃ）を担当（たんとう）させていただきます。

(1.   )点（てん）も多（おお）いと存（ぞん）じますが、何卒（なにとぞ）よろしくお願（ねが）いします。

近日中（きんじつちゅう）にご挨拶（あいさつ）に(2.   )ます。

(3.   )、メールにて(4.   )。

word

管財部（かんざいぶ） 관재부(자재 관리부)

메일 쓰기 연습

▶ 앞에 나온 '실전 이메일'의 문장을 그대로 써 보세요. 그리고 모든 한자에는 예와 같이 위에 후리가나를 쓰세요.

예

　しゃ　かいはつぶ　すずき　　　　　　　　おく

モモ社　開発部の鈴木　はじめてメールを送らせていただきます。

◀ 일본의 명함 예

자기소개

일본에서 명함은 그 사람의 얼굴이라고 생각할 정도로 중요한 역할을 하므로 명함을 교환할 때는 각별한 주의가 필요합니다. 까다롭긴 하지만 원활하게 비즈니스를 진행하기 위해 명함 교환 방법을 정리해둡시다.

명함 교환할 때의 주의점

늘 명함을 휴대하고 명함이 떨어지지 않도록 합시다.

교환할 때는 손아랫사람이 먼저 건네는 것이 원칙이며, 반드시 일어난 상태로, 꼭 양손으로 명함을 주고 받도록 합시다. 이때 상대방과의 사이에 테이블 등의 장애물이 있어서는 안 됩니다.

윗사람과 명함을 동시에 교환할 때는 자신의 명함을 상대방의 명함보다 살짝 아래에서 건네는 것이 좋습니다. 만일 윗사람이 먼저 명함을 건넸을 때는「申し遅れました。わたくし、△△会社の○○と申します(소개가 늦었습니다. 저는 △△회사의 ○○라고 합니다)」라고 말하고 건네면 됩니다.

복수의 상대방과 명함을 교환할 때는 직위가 높은 사람부터 먼저 명함을 건네도록 합니다.

상대방이 이름을 읽을 수 있도록 명함을 자신에게서 보면 반대 방향으로 건네도록 하고 부서명, 이름을 확실하게 말하면서 가볍게 고개를 숙여 인사를 드립시다.

명함을 받을 때는 상대방의 회사명, 이름을 자신의 손가락으로 가리지 않도록 합시다. 상대방의 이름을 읽는 법을 모를 때는「失礼ですが、お名前は何とお読みすればよろしいのでしょうか。(실례합니다만, 이름은 어떻게 읽으면 될까요?)」라고 물어보고 이름을 정확히 확인합시다.

명함을 받자마자 지갑이나 가방 안에 넣어서는 안 되며, 1대 1로 회담할 때는 명함 케이스 위에, 복수의 사람과 회담할 때는 상대방의 자리 순에 맞게 명함을 나열해서 책상 위에 놓아 둡시다.

Part 2

メールの業務連絡

이메일 업무 연락

第3課

ぎょうむ れんらく
メールの業務連絡

실전 회화

しりょう　　　　おく
メールで資料をお送りします。

메일로 자료를 보내드리겠습니다.

학습 목표

 실전 회화 거래처에 업무를 의뢰할 수 있다.

| 주요 표현 |

こうじ　　　　　　　　　　　すす
工事はどのように進めるのでしょうか。

まこと
誠にありがとうございました。

しりょう　　　おく
メールで資料をお送りします。

かいしゃ　もど　しだい　さっそくしりょう　　おく
会社に戻り次第、早速資料をお送りします。

주요 어휘와 표현

□ こうじ	工事	공사	
□ がいよう	概要	개요	
□ しりょう	資料	자료	
□ セキュリティシステム		보안 시스템	★security system
□ さっそく	早速	바로 즉시	★「すぐ」의 정중어
□ さきほど*	先ほど	좀 전에	★「さっき」의 정중어
□ のちほど*	後ほど	나중에	★「あとで」의 정중어

*: 관련 어휘

예문 확인

1 工事 공사　예　店のオープンに間に合うように工事をします。
가게 오픈에 늦지 않도록 공사를 하겠습니다.

2 概要 개요　예　ただ今よりプロジェクトの概要をご説明します。
지금부터 프로젝트의 개요를 설명하겠습니다.

3 資料 자료　예　資料を速達でお送りします。 자료를 속달로 보내겠습니다.

4 セキュリティシステム 보안시스템　예　毎月1回セキュリティシステムの点検を行います。
매월 1회 보안시스템 점검을 실시합니다.

5 早速 즉시　예　早速説明会を始めたいと思います。 바로 설명회를 시작하고자 합니다.

6 先ほど 좀 전에　예　先ほどご連絡を差し上げた田中と申しますが…。
좀 전에 연락드린 다나카라고 합니다만,

7 後ほど 나중에　예　これについては後ほどご説明いたします。
이것에 대해서는 나중에 설명하겠습니다.

✓ 한자 쓰기 연습

工事	概要	資料	早速	先ほど

word

間に合う 시간·양 등이 맞다(늦지 않다, 부족하지 않다)　**速達** 속달　**点検** 점검　**説明会** 설명회

• 문법과 문형

1 工事はどのように進めるのでしょうか。 공사는 어떻게 진행할 건가요?

「〜のですか」보다 「〜のでしょうか」가 더 정중한 표현이다. 구체적으로 어떻게 진행할 것인지 질문하는 경우에 「の」를 사용하여 「進めるのでしょうか」로 표현한다.

실전 예문

① 会場にはどのように行けばよろしいのでしょうか。 회장에는 어떻게 가면 되는 건가요?
② 納品はいつになるのでしょうか。 납품은 언제가 되는 건가요?
③ 担当の方はどなたなのでしょうか。 담당하는 분은 어느 분인가요?

2 誠にありがとうございました。 정말로 고맙습니다.
誠に申し訳ございません。 정말 죄송합니다.

「誠に」는 「本当に」보다 정중한 표현이다. 일본어에서는 비즈니스 장면에서는 부사의 경우에도 정중한 표현으로 바꾸어 사용해야 한다. 사죄하는 경우에도 「誠に申し訳ございません」으로 사용한다.

실전 예문

④ 誠に恐れ入ります。 정말로 죄송합니다.
⑤ 誠にお世話になりました。 정말로 신세를 졌습니다.
⑥ 誠にご迷惑をおかけしました。 정말로 폐를 끼쳤습니다.

3 メールで資料をお送りします。 메일로 자료를 보내 드리겠습니다.

「お+送り(동사 ます형)+します」는 「送ります」보다 경도가 높은 겸양표현이다. 「する」의 겸양어 「いたす」를 사용하여 「お送りいたします」로 사용할 수 있다.

실전 예문

⑦私がお手伝いします。 제가 거들겠습니다.

⑧写しだけいただいて、原本はお返しします。 복사본만 받고 원본은 돌려드리겠습니다.

⑨ただ今お茶をお持ちします。 지금 차를 내오겠습니다.

4 会社に戻り次第、早速資料をお送りします。
회사에 돌아가는 대로 즉시 자료를 보내드리겠습니다.

「동사(ます형) A+次第、+B」는 'A하는 대로 바로 B'라는 의미로 A가 가까운 미래 상황을 가리킨다.

실전 예문

⑩会議が終わり次第、結果を報告します。 회의가 끝나는 대로 결과를 보고하겠습니다.

⑪取引先に着き次第、交渉会議を始めます。 거래처에 도착하는 대로 교섭회의를 시작합니다.

⑫報告書を読み次第、指示をお願いします。 보고서를 읽는 대로 지시를 부탁합니다.

TIP! 비즈니스 메일

비즈니스 메일의 양식에는 기본적으로 「宛名(받는 사람)」,「あいさつ文(인사말)」,「自己紹介(자기소개)」,「用件(용건)」,「署名(서명)」이 들어가야 한다. 비즈니스 메일의 기본은 아래와 같다.

• 제목은 짧고 정확하게.

• 본문은 20문자 정도 쓰고 2~3줄마다 공간을 두는 것이 읽기 쉽다.

• 비즈니스 메일은 사내, 사외 모두 경어가 기본이다.

---

word

納品 납품   迷惑をかける 폐를 끼치다   写し 복사본   原本 원본   会議 회의   取引先 거래처
指示 지시

● 회화 문장 연습

① ～したいんですが

A お忙（いそが）しいところを申（もう）し訳（わけ）ないんですが…。 바쁘신 중에 죄송하지만….

B はい、何（なん）でしょうか。 네, 무슨 일이신가요?

A 大至急（だいしきゅう）、コピーをお願（ねが）いしたいんですが、 아주 급히 복사를 부탁하고 싶은데요,

상대방에게 급한 용무를 부탁하는 경우 바로 본론으로 들어가지 않고, 상대방에게 폐를 끼치는 상황이기 때문에 바쁜 중에 미안하다는 인사를 건네고 시작하는 것이 좋다. 부탁이나 의뢰를 할 때 「お願（ねが）いしたいんですが」, 「お願（ねが）いしたいことがあるんですが」가 많이 사용된다. 친한 동료나 아랫사람에게는 「お願（ねが）いしたいんだけど、～てくれない」로 표현해도 된다.

실전 예문

① 営業部長（えいぎょうぶちょう）の吉田様（よしだ さま）にお目（め）にかかりたいんですが、 요시다 영업부장님을 뵙고 싶습니다만,

② ちょっとコピー機（き）をお借（か）りしたいんですが、 잠시 복사기를 빌리고 싶습니다만,

③ 明日（あす）の10時（じ）には会議（かいぎ）を始（はじ）めたいんですが、 내일 10시에는 회의를 시작하고 싶습니다만,

④ あの、ちょっとお尋（たず）ねしたいことがあるんですが、 저기, 잠시 여쭙고 싶은 것이 있습니다만,

⑤ ちょっとお頼（たの）みしたいことがあるんですが、 잠깐 부탁드리고 싶은 일이 있습니다만,

TIP! 의뢰하기

비즈니스 상황에서 의뢰나 부탁 표현을 할 때는 상대방을 배려하는 것이 중요하다. 직접적인 표현보다 간접적이고 완곡한 표현이 적절하다. 예를 들어 의뢰를 하는 경우, 자신의 희망을 나타내는 「～たい」를 이용하여 「お願（ねが）いしたいんですが」와 같이 표현한다. 또한 도와달라는 부탁을 하는 경우에도, 가능형을 이용하여 「手伝（てつだ）っていただけますでしょうか」로 표현한다.

2 ～ていただけますか

A 先輩、何かお急ぎのようですね。선배, 뭔가 서두르고 계시네요.

B キムさん、ちょっと手を貸していただけますか。김○○씨, 좀 도와주실 수 있나요?

상대방에게 정중하게 도움을 요청할 때 「いただく」의 가능형 「いただける」를 사용하여 「～ていただけますか」, 「～ていただけないでしょうか」로 표현한다. 화자가 상대방에게 뭔가 도움을 받는다는 점을 부각시키기 위해 일본어에서는 「いただく」를 선호하여 사용한다. 또한 상대방이 도움 요청에 응할지 여부를 모르기 때문에 가능형으로 질문하는 것이 중요하다. 동료나 아랫사람에게는 「～てもらえない / ～てもらいたいんだけど」 등으로 표현한다.

실전 예문

⑥ すみませんが、ドアを閉めていただけますか。죄송하지만, 문을 닫아 주시겠습니까?

⑦ 担当の方のお名前を教えていただけますか。담당하는 분의 성함을 알려 주실 수 있습니까?

⑧ こちらにサインをしていただけますか。이쪽에 서명을 해 주실 수 있나요?

⑨ こちらに捺印していただけますか。여기에 날인해 주시겠습니까?

⑩ 電話を開発部の鈴木さんに取り次いでいただけますか。
전화를 개발부 스즈키 씨께 연결해 주시겠습니까?

word

お忙しいところ 바쁘신 중   営業部長 영업부장   お目にかかる 만나 뵙다(「会う」의 겸양어)   コピー機 복사기
手を貸す 손을 빌려 주다, 돕다   サイン 서명   捺印 날인   取り次ぐ (전화를) 연결하다, 전하다

실전 회화

Track 03-02

실전 예문 거래처 담당자를 만나 업무 연락에 관해 이야기하고 있다.

鈴木(すずき) 朴(パク)さん、実(じつ)は今度(こんど)、弊社(へいしゃ)のセキュリティシステムを強化(きょうか)するんです。

朴(パク) そうですか。

鈴木(すずき) それでシステム強化(きょうか)の工事(こうじ)を御社(おんしゃ)にお願(ねが)いしたいんですが。

朴(パク) 本当(ほんとう)ですか! 誠(まこと)にありがとうございます。

鈴木(すずき) 工事(こうじ)はどのように進(すす)めるのでしょうか。

朴(パク) 工事(こうじ)概要(がいよう)を説明(せつめい)した資料(しりょう)がありますので、それをお送(おく)りします。

鈴木(すずき) そうですか。ではメールで資料(しりょう)を送(おく)っていただけますか。

朴(パク) はい。戻(もど)り次第(しだい)、早速(さっそく)資料(しりょう)をお送(おく)りします。

---

word

実(じつ)は 실은　　強化(きょうか) 강화

38

▶ 다음 비즈니스 회화문의 (　　)에 적당한 표현을 넣어서 연습하세요.

회화 연습 1

A　新しい商品のデザインを御社に(1.　　　　　　　)……。

B　(2.　　　　　　　)ありがとうございます。

こちらの資料をメールで(3.　　　　　　)。

A　申し訳ありませんが、郵送で送って(4.　　　　　)。

회화 연습 2

A　プロジェクトはどのように進める(1.　　　　　)。

B　こちらがプロジェクトの日程表です。どうぞ。

A　ありがとうございます。

すみませんが、メールでも送って(2.　　　　　)。

B　分かりました。会社に戻り(3.　　　　　)、

メールで(4.　　　　　)。

word

デザイン 디자인　　郵送 우송　　日程表 일정표

▶ A, B에 쓰여 있는 역할에 맞게 '업무 연락'에 관한 대화를 해 보세요.

A ○○社 社員

○○社は会社内にあるコピー機を新しいものに交換しようと考えています。△△社の社員に△△社のコピー機を使いたいと言って、どのようなコピー機があるかを聞いてみましょう。

A : ○○사 사원

○○사는 회사 내에 있는 복사기를 새 것으로 교환하려고 합니다. △△사의 사원에게 △△사의 복사기를 사용하고 싶다고 이야기하고, 어떤 복사기가 있는지를 물어봅시다.

B △△社 社員

○○社の社員が自分の会社のコピー機を使いたいと言っています。相手がどのようなコピー機があるかと聞いてきました。会社に戻り次第、すぐ資料を送ると言ってみましょう。

B : △△사 사원

○○사의 사원이 우리 회사(△△사)의 복사기를 사용하고 싶다고 합니다. 상대방이 어떤 복사기가 있는지 문의했습니다. 자신이 회사에 돌아가는 대로 바로 자료를 보내겠다고 이야기 해 봅시다.

A ○○社　社員
➡

B △△社　社員
➡

第4課

ぎょうむ れんらく
メールの業務連絡

이메일 쓰기

せ わ
お世話になっております。

신세를 지고 있습니다.

학습 목표

이메일 쓰기 거래처에 업무에 관한 메일을 보낼 수 있다.

| 주요 표현 |

せ わ
お世話になっております。

てん ぷ   おく
添付ファイルにて、送らせていただきます。

と いそ   れんらく
取り急ぎご連絡まで。

주요 어휘와 표현

□ かぶしきがいしゃ	株式会社	주식회사	
□ かんりぶ	管理部	관리부	
□ てんぷする	添付する	첨부하다	
□ ファイル		파일	★file
□ そうふ	送付	송부	
□ さしゅう	査収	검수, 사수	★주로 문장에서 사용하며, 회화문에서는「ご確認ください」를 사용한다.
□ ちょくつう	直通	직통	

예문 확인

1 株式会社 주식회사
예 毎年1回、株式会社では株主総会が開かれます。
매년 1회, 주식회사에서는 주주총회가 열립니다.

2 管理部 관리부
예 会社の資材は管理部で管理しています。
회사 자재는 관리부에서 관리하고 있습니다.

3 添付 첨부
예 申請書に印紙を添付して提出してください。
신청서에 인지를 첨부해서 제출해 주세요.

4 ファイル 파일
예 画像ファイルは圧縮してお送りください。
이미지 파일은 압축해서 보내 주십시오.

5 送付 송부
예 御社に請求書を送付させていただきます。
귀사에 청구서를 송부하겠습니다.

6 査収 검수
예 ご注文の品をお送りいたしましたので、ご査収ください。
주문하신 물건을 보내드리겠으니, 검수해 주십시오.

7 直通 직통
예 お問い合わせは直通電話の番号をご利用ください。
문의는 직통 전화 번호를 이용해 주십시오.

한자 쓰기 연습

株式	管理部	添付	送付	査収

word

株主総会 주주총회 資材 자재 申請書 신청서 印紙 인지 画像ファイル 이미지 파일
圧縮する 압축하다 請求書 청구서

• 문법과 문형

1 お世話(せわ)になっております。 신세 많이 지고 있습니다.

상대방에게 신세를 많이 지고 있다는 의미로 거래처에 고맙다는 인사말처럼 자주 사용한다.

「います」보다는 겸양어「おります」를 사용한다.

실전 예문

① いつもお世話(せわ)になっております。 항상 신세를 지고 있습니다.

② 弊社(へいしゃ)は業界(ぎょうかい)No.1を誇(ほこ)っております。 저희 회사는 업계 No.1을 자랑하고 있습니다.

③ 私(わたし)は去年(きょねん)より営業部(えいぎょうぶ)に在籍(ざいせき)しております。 저는 작년부터 영업부에 재직하고 있습니다.

④ 弊社製品(へいしゃせいひん)はお客様(きゃくさま)からご好評(こうひょう)を多(おお)く得(え)ております。
저희 회사 제품은 손님으로부터 호평을 얻고 있습니다.

⑤ 去年(きょねん)よりA社(しゃ)との取(と)り引(ひ)きは見合(みあ)わせております。
작년부터 A사와의 거래는 보류하고 있습니다.

2 添付(てんぷ)ファイルにて、送(おく)らせていただきます。 첨부 파일로 보내드리겠습니다.

「〜にて」는 조사「〜で」의 의미로 문서 양식에서 주로 사용된다. 비즈니스에서는 조사도 정중한 표현을 사용하는 것이 적절하다.

실전 예문

⑥ 返信用(へんしんよう)はがきにて、ご連絡(れんらく)ください。 답신용 엽서로 연락 주십시오.

⑦ お問(と)い合(あ)わせはメールにてお願(ねが)いします。 문의는 메일로 부탁합니다.

⑧ まずは書面(しょめん)にて御礼(おれい)申(もう)し上(あ)げます。 우선은 서면으로 감사드립니다.

⑨ 会議(かいぎ)は3階(さんがい)にて開(ひら)かれます。 회의는 3층에서 열립니다.

⑩ プレゼンは会議室(かいぎしつ)にて行(おこな)われる予定(よてい)です。 프레젠테이션은 회의실에서 할 예정입니다.

3 取り急ぎご連絡まで。 우선 급한 대로 연락 드립니다.

주로 용건만 먼저 전달할 때 메일이나 편지 마지막에 적는 문구이다. 「取り急ぎ」 다음에 용건을 적는다. 예를 들면 「取り急ぎご報告まで」, 「取り急ぎご案内まで」와 같이 사용한다.

실전 예문

⑪ 明日のプレゼンは中止だそうです。取り急ぎご連絡まで。
내일의 프레젠테이션은 중지라고 합니다. 우선 급한 대로 연락드립니다.

⑫ 詳細は帰社してから申し上げます。取り急ぎご報告まで。
자세한 것은 회사로 돌아가서 말씀드리겠습니다. 우선 급한 대로 보고 드립니다.

⑬ 誠にありがとうございました。取り急ぎ御礼まで。
정말로 감사했습니다. 우선 감사 말씀드립니다.

⑭ 会場でお待ちしております。取り急ぎご案内まで。
회장에서 기다리고 있겠습니다. 우선 안내드립니다.

⑮ 会議は10時からでよろしいでしょうか。取り急ぎご確認まで。
회의는 10시부터이지요? 우선 확인 드립니다.

TIP! 비즈니스 메일 쓸 때 주의점

비즈니스 메일에서는 아무리 친한 사이라고 해도 거래처 사람에게 이모티콘이나 그림 문자 또는 격의 없는 표현을 사용해서는 안 된다. 예의 바르고 간결하게 전달해야 한다.

word

業界 업계　在籍 재직　製品 제품　好評 호평　見合わせる 보류하다　返信用はがき 답신용 엽서
書面 서면　プレゼン 프레젠테이션. 「プレゼンテーション(presentation)」의 줄임말　詳細 상세
帰社 귀사, 회사에 돌아감

이메일 쓰기

•이메일 문장 연습

① 〜いたします

・今後(こんご)ともよろしくお願(ねが)いいたします。 앞으로도 잘 부탁드립니다.

・こちらこそどうぞよろしくお願(ねが)いいたします。 저야말로 잘 부탁드립니다.

「する」의 겸양어 「いたす」가 사용되어 「お願い＋します」보다 「お願い＋いたします」가 정도가 높은 겸양표현이 된다.

실전 예문

① これが契約書(けいやくしょ)ですね。拝見(はいけん)いたします。 이것이 계약서이군요. 읽어보겠습니다.

② 私(わたし)がお手伝(てつだ)いいたします。 제가 도와드리겠습니다.

③ 写(うつ)しだけいただいて、原本(げんぼん)はお返(かえ)しいたします。 복사본만 받고, 원본은 돌려드리겠습니다.

④ ただ今(いま)、お茶(ちゃ)をお持(も)ちいたします。 지금 바로 차를 내오겠습니다.

⑤ 会場(かいじょう)までご案内(あんない)いたします。 회장까지 안내해 드리겠습니다.

❷ ご＋한자어＋ください

• いつでもご連絡ください。 언제라도 연락 주십시오.

• ご確認ください。 확인해 주십시오.

「ご＋한자어＋ください」는 상대방을 높이는 존경표현으로 「ご＋連絡＋ください」는 「連絡してください」보다 경도가 높다. 「ご＋確認＋ください」도 「確認してください」보다 경도가 높은 표현이다.

실전 예문

⑥ こちらのコピー機は自由にご利用ください。 이쪽의 복사기를 자유롭게 이용해 주십시오.

⑦ どうか弊社のプランをご検討ください。 부디 저희 회사의 계획서를 검토해 주십시오.

⑧ こちらの文書にご署名ください。 여기 문서에 서명해 주십시오.

⑨ ご迷惑をおかけしますが、何卒ご容赦ください。 폐를 끼칩니다만 부디 양해해 주십시오.

⑩ 恐縮ですが、弊社の立場もご理解ください。 송구하지만, 저희 회사 입장도 이해해 주십시오.

TIP!	문서의 시작과 끝맺음

문서에는 시작하는 말(기어)과 맺음말(결어)이 정해져 있다. 「拝啓 – 敬具」, 「前略 – 草々」가 대표적이다. 「前略」로 시작하는 경우 계절 인사말과 감사 인사를 생략하고 본론으로 들어간다.

word

プラン 플랜, 계획 　**検討** 검토 　**署名** 서명 　**容赦** 용서 　**恐縮だ** 송구하다 　**立場** 입장

🎧 Track 04-02

실전 예문 ─── 거래처 담당자에게 메일로 첨부자료를 보내고 있다. ·······

件名：セキュリティシステム設置工事の概要

モモ株式会社管理部 佐藤一様

いつもお世話になっております。
株式会社イチゴ営業部の李知英です。
添付ファイルにて、下記資料を送付いたします。
ご査収ください。

1. セキュリティシステム「ABC」設置工事の概要　　1部
2. 設置完了イメージ図　　　　　　　　　　　　　1部

取り急ぎ、ご連絡まで。
_____
株式会社イチゴ　営業部

李知英(イージヨン)

〒123-456　大阪府大阪市桜町11-9　2F

TEL：06-3456-7890(直通) 06-3456-7891(代表)

FAX：06-3456-7892

---

word ·······

設置 설치　　**下記** 하기　　**完了** 완료　　**イメージ図** 이미지 그림　　**代表** 대표

▶ 다음 (　　　)에 적당한 표현을 넣어 비즈니스 메일을 작성하세요.

메일 작성1

いつもお世話になって(1.　　　　　　　　　)。

株式会社△△営業部の李知英です。

添付ファイル(2.　　　　　　　　)、パンフレットを送らせていただきます。

ご検討(3.　　　　　　)。

取り急ぎ、(4.　　　　　　　　　)連絡まで。

메일 작성2

いつも、(1.　　　　　　　　　　　)。○○社営業部の金由利です。

見積書を添付ファイルにて送付(2.　　　　　　　　)。

内容をご確認(3.　　　　　　)。

取り急ぎ、ご連絡(4.　　　　　　)。

---

word

パンフレット 팸플릿　　　見積書 견적서　　　内容 내용

실전 이메일

▶ 앞에 나온 '실전 이메일'의 문장을 그대로 써 보세요. 그리고 모든 한자에는 예와 같이 위에 후리가나를 쓰세요.

예

<table>
<tr><td>しゃ</td><td>かいはつぶ</td><td>すずき</td><td></td><td>おく</td></tr>
</table>

モモ社　開発部の鈴木　はじめてメールを送らせていただきます。

일본의 이메일 화면의 툴바 구성은 다음과 같습니다.

한국어의 명칭과 조금씩 다른 것도 있으므로 확인해 보세요.

제시화면도 여기에서 인용함 (yahoo.co.jp)

- メールの作成 ^{さくせい} 메일작성
- 下書き ^{したが} 임시보관함
- ゴミ箱 ^{ばこ} 쓰레기통
- カレンダー 캘린더

- メールフォルダー 메일폴더
- 送信済みメール ^{そうしんず} 보낸 편지함
- 個人フォルダー ^{こじん} 개인 폴더
- ボックス 박스

- 受信箱 ^{じゅしんばこ} 받은 편지함
- 迷惑メール ^{めいわく} 스팸 메일
- アドレスブック 주소록

- 送信 ^{そうしん} 송신
- キャンセル 취소

- 下書きを保存 ^{したがほぞん} 임시저장
- ファイルを添付 ^{てんぷ} 파일첨부

- 署名 ^{しょめい} 서명
- URLでシェア URL공유

Part 3

電話の応対(社内)

전화 업무(사내)

第5課

電話の応対(社内)

실전 회화

高橋さんに取り次ぎますね。

다카하시 씨에게 연결하겠습니다.

학습 목표

 사내 전화로 업무를 수행할 수 있다.

| 주요 표현 |

出張費のことで高橋さんにお聞きしたいことがあるんですが。

高橋さんにお聞きしたいことがあるんですが。

お電話、代わりました。

주요 어휘와 표현　🎧 Track 05-01

□ けいりぶ	経理部	경리부	
□ しゅっちょう	出張	출장	
□ けいひ	経費	경비	
□ かちょう	課長	과장	
□ にゅうさつ	入札	입찰	★落札 낙찰
□ とうし	投資	투자	
□ しきん	資金	지금	

예문 확인

❶ 経理部 경리부
　　領収書は経理部に提出してください。 영수증은 경리부에 제출해 주세요.

❷ 出張 출장
　　東京に二泊三日で出張しなければなりません。
　　도쿄에 2박 3일로 출장가지 않으면 안 됩니다.

❸ 経費 경비
　　経費がかさんで予算が足りません。 경비가 많아져 예산이 부족합니다.

❹ 課長 과장
　　3月1日付で課長に昇進しました。 3월 1일부로 과장으로 승진했습니다.

❺ 入札 입찰
　　詳しい入札の内容は公告の欄をご覧ください。
　　자세한 입찰 내용은 공고란을 봐 주십시오.

❻ 投資 투자
　　会社の成長のために先行投資が必要だと思います。
　　회사 성장을 위해 선행 투자가 필요하다고 생각합니다.

❼ 資金 지금
　　不景気で資金の調達が難しい状況です。
　　불경기로 자금 조달이 어려운 상황입니다.

✍ 한자 쓰기 연습

経理部	出張	課長	入札	投資

word

かさむ 많아지다, (부피가) 커지다　　予算 예산　　昇進 승진　　公告 공고　　不景気 불경기　　調達 조달

• 문법과 문형

① 出張費のことで高橋さんにお聞きしたいことがあるんですが。
출장비 때문에 다카하시 씨에게 묻고 싶은 것이 있습니다만.

「ことで」는 「명사+の」에 붙어 '～일로, ～때문에'로 용건이나 이유를 들 때 사용한다. 「会議のことで (회의 때문에)」, 「プレゼンのことで(프레젠테이션 때문에)」와 같이 사용한다.

실전 예문

① 今日は契約のことでお話があります。　오늘은 계약 건으로 할 이야기가 있습니다.

② 実は納期の期限のことでご相談があります。　실은 납기 기한 건으로 상의할 것이 있습니다.

③ 研修の日程のことですが、来月の三日から研修を開始します。
연수 일정 건입니다만, 다음 달 3일부터 연수를 개시하겠습니다.

④ 先日お話ししたことですが、ご検討くださいましたか。
요전에 이야기한 일입니다만, 검토해 주셨습니까?

② 高橋さんにお聞きしたいことがあるんですが。
다카하시 씨에게 묻고 싶은 것이 있습니다만.

「お+聞き(동사 ます형)+したい」는 자신의 동작을 낮추어 상대방을 높이는 겸양표현이다.
「会いたい」는 「お+会い+したい(만나 뵙고 싶다)」, 「案内したい」는 한자어 앞에 「ご」가 붙어 「ご+案内+したい」로 표현한다.

실전 예문

⑤ お尋ねしたいのですが、来月の予定はどうなっていますか。
여쭙고 싶은 것이 있습니다만, 다음 달 예정은 어떻게 됩니까?

⑥ お客様にはこちらの商品をお薦めしたいと思います。
손님에게 이쪽 상품을 추천하고 싶습니다.

⑦ デザインは御社のデザイナーにお任せしたいと思います。
디자인은 귀사의 디자이너에게 맡기고 싶습니다.

⑧ 詳しい内容は後ほどご連絡したいと思います。　자세한 내용은 나중에 연락드리고 싶습니다.

전화 업무(사내)

3 お電話、代わりました。 전화 바꿨습니다.

다른 사람을 통해 연결 받아 전화를 받을 때 쓰는 표현이다. 만약 상대방을 많이 기다리게 한 경우에는 「大変お待たせしました」라고 사과하는 것이 좋다.

실전 예문

⑨ お電話、代わりました。鈴木です。 전화 바꿨습니다. 스즈키입니다.

⑩ お電話、代わりました。担当の佐藤と申します。 전화 바꿨습니다. 담당인 사토라고 합니다.

⑪ お電話、代わりました。お待たせして申し訳ありません。
전화 바꿨습니다. 기다리게 해서 죄송합니다.

⑫ お電話、代わりました。営業部です。どのようなご用件でしょうか。
전화 바꿨습니다. 영업부입니다. 어떤 용건이신가요?

TIP! 전화 매너①

전화를 걸거나 받을 때 소속과 이름을 먼저 밝히고 연결을 부탁한다.

전화를 연결할 때 보류 버튼(保留ボタン)을 잊지 않도록 하자. 연결시간이 1분을 넘는 경우 전화를 받아서 연결이 늦어진 것을 사죄하고, 이쪽에서 확인 후 다시 전화를 거는 것이 바람직하다.

---

word

納期 납기   期限 기한   研修 연수   デザイナー 디자이너   用件 용건

1 ～たいことがあるんですが

A　課長、今、お時間よろしいでしょうか。 과장님, 지금 시간 괜찮으신가요?

B　いいよ。 괜찮아.

A　実はご相談したいことがあるんですが。 실은 의논드리고 싶은 일이 있는데요.

B　そう？何。 그래? 무슨 일이야?

상대방에게 용건이 있을 때 대화를 시작하는 표현으로 「～たいことがあるんですが」가 있다.

상사에게 우선 시간이 있는지 없는지 정중하게 확인을 한 뒤 용건을 꺼내는 것이 예의 바르다.

실전 예문

① あの、お願いしたいことがあるんですが。 저, 부탁하고 싶은 일이 있습니다만.

② ちょっとお尋ねしたいことがあるんですが。 잠시 여쭙고 싶은 것이 있습니다만.

③ 実は部長にお話ししたいことがあるんですが。 실은 부장님께 얘기 하고 싶은 것이 있습니다만.

④ 契約を交わす前に、ご確認したいことがあるんですが。
계약을 체결하기 전에 확인하고 싶은 것이 있습니다만.

⑤ 会議を始める前に、申し上げたいことがあるんですが。
회의를 시작하기 전에 드리고 싶은 말씀이 있습니다만.

TIP!　전화 매너②

전화를 받을 때는 2~3회 전화벨이 울리기 전에 응대하는 것이 원칙이나 어쩔 수 없이 늦게 받게 된 경우에는 「大変お待たせいたしました」라고 말한다. 연결된 전화를 받는 경우에도 이와 같은 인사 말을 앞에 하는 것이 필요하다. 관례적인 인사말이지만, 이 한마디가 있느냐 없느냐는 큰 차이가 있다.

2 〜に取り次ぎますね

A おはようございます。経理部の崔です。 안녕하세요. 경리부 최○○입니다.

B 営業部の木村ですが、田中さんをお願いします。
영업부의 기무라입니다만, 다나카 씨 부탁합니다.

A ただ今本人に取り次ぎますね。 바로 본인에게 연결하겠습니다.

C お待たせしました。田中です。 많이 기다리셨습니다. 다나카입니다.

다른 사람이 전화를 받아 당사자에게 전화를 연결할 때「本人に取り次ぎますね」라고 표현한다. 혹시 당사자가 전화중인 경우에는「すみませんが、田中はただ今電話中ですので、しばらくお待ちいただけますか」라고 양해를 구해야 한다.

실전 예문

⑥本人に取り次ぎますね。 본인에게 연결하겠습니다.

⑦わかりました。高橋さんに取り次ぎますね。 알겠습니다. 다카하시 씨에게 연결하겠습니다.

⑧かしこまりました。担当の者に取り次ぎます。 알겠습니다. 담당자에게 연결하겠습니다.

⑨ただ今電話をお取り次ぎします。 바로 전화를 연결해 드리겠습니다.

⑩すみませんが、電話を担当の方に取り次いでいただけますか。
죄송하지만, 전화를 담당자에게 연결해 주실 수 있습니까?

word

契約を交わす 계약을 교환하다   担当の方 담당하시는 분

실전 예문 사내 통화를 연결해 경리부 직원에게 출장비에 관해 문의하고 있다.

田中（たなか）　はい、経理部（けいりぶ）の田中（たなか）です。

朴（パク）　営業部（えいぎょうぶ）の朴（パク）ですが。

田中（たなか）　朴（パク）さん、お疲（つか）れ様（さま）です。

朴（パク）　出張費（しゅっちょうひ）のことで、高橋（たかはし）さんにお聞（き）きしたいことがあるんですが。

田中（たなか）　分（わ）かりました。高橋（たかはし）さんに取（と）り次（つ）ぎますね。

高橋（たかはし）　お電話（でんわ）、代（か）わりました。高橋（たかはし）です。

朴（パク）　朴（パク）です。今回（こんかい）の出張（しゅっちょう）で経費（けいひ）として認（みと）められるものを教（おし）えていただけますか。

高橋（たかはし）　分（わ）かりました。メールで経費（けいひ）で落（お）とせるもののリストをお送（おく）りしますね。

word

出張費（しゅっちょうひ） 출장비　**経費（けいひ）で落（お）とす** 경비로 처리하다　**リスト** 리스트(list)

▶ 다음 비즈니스 회화문의 (　　)에 적당한 표현을 넣어서 연습하세요.

회화 연습 1

A おはようございます。経理部の崔です。

B 崔さん、おはようございます。営業部の朴です。

A 申し訳ないんですが、新年会の(1.　　　　　　　　)、

　 高橋さんにお聞きし(2.　　　　　　　　　)。

B ただ今高橋さんに(3.　　　　　　　)、少々お待ちください。

C お電話(4.　　　　　　　)。高橋です。

회화 연습 2

A 営業部の木村ですが。

B 木村さん、お疲れ様です。

　 契約の(1.　　　　　　)鈴木さんにご相談したい(2.　　　　　　　)。

A 分かりました。本人に(3.　　　　　　)ね。

C (4.　　　　　　　)。鈴木です。

실전 회화

• 롤플레이

▶ A, B, C에 쓰여 있는 역할에 맞게 사내직원 간 '전화 업무' 대화를 해 보세요.

전화 업무(사내)

A ○○社　社員1

あなたは管理部で働いています。△△社に納品する商品の納期データをコンピューターに入力しなければなりませんが、納期日が分かりません。営業部に電話して△△社を担当する社員3に商品の納期日を教えてほしいとお願いしましょう。

A: ○○사 사원1
　당신은 관리부에서 일하고 있습니다. △△사에 납품할 상품의 납기자료를 컴퓨터에 입력해야 합니다만, 납기일을 모릅니다. 영업부에 전화해서 △△사를 담당하는 사원3에게 상품의 납기일을 알려달라고 부탁해 봅시다.

B ○○社　社員2

あなたは営業部で働いています。管理部の社員1から電話がきました。社員1は商品の納期日に関して社員3に聞きたいことがあると言っています。社員3に電話をつなぎましょう。

B: ○○사 사원2
　당신은 영업부에서 일하고 있습니다. 관리부의 사원1로부터 전화가 왔습니다. 사원1은 상품 납기일에 관하여 사원3에게 물어보고 싶은 것이 있다고 합니다. 사원3에게 전화를 연결해 주세요.

C ○○社　社員3

あなたは営業部で働いています。同僚である社員2が社員1からの電話をつないでくれました。社員1は△△社に納品する商品の納期日を教えてほしいと言っています。社員1に商品の納期日リストをメールで送ると言いましょう。

C: ○○사 사원3
　당신은 영업부에서 일하고 있습니다. 사원2가 관리부 사원1로부터 걸려온 전화를 연결해 줍니다. 사원1은 △△사에 납품할 상품의 납기일을 알려달라고 합니다. 사원1에게 상품의 납기일 목록을 메일로 보내겠다고 이야기합시다.

A ○○社　社員1
しゃ　しゃいんいち
➡

B ○○社　社員2
しゃ　しゃいんに
➡

C ○○社　社員3
しゃ　しゃいんさん
➡

word

データ 데이터　　～に関して ～에 관해서　　同僚 동료
かん　　　　　　　どうりょう

第6課

電話の応対(社内)

이메일 쓰기

つきましては設置工事の詳細を
お知らせください。

따라서 설치 공사의 상세한 내역을 알려 주십시오.

학습 목표

 거래처에서 온 의뢰에 메일로 답변할 수 있다.

| 주요 표현 |

お送りいただいた資料を検討させていただきました。

カメラの設置台数は20台を考えております。

つきましては設置工事の詳細をお知らせください。

주요 어휘와 표현

□ けんとう	検討	검토	
□ かいぎ	会議	회의	
□ しょうさい	詳細	상세	★상세한 것
□ おる		있다	★「いる(있다)」의 겸양동사
□ つきましては		따라서(는)/대해서(는)	
□ ただいま	ただ今	지금	★「今」의 정중어
□ みつもりしょ	見積書	견적서	

예문 확인

❶ 検討 검토

예 御社のご提案を前向きに**検討**させていただきます。
사의 제안을 긍정적으로 검토하겠습니다.

❷ 会議 회의

예 必ず**会議**の議事録を作成してください。
반드시 회의 의사록을 작성해 주세요.

❸ 詳細 상세

예 **詳細**はホームページをご覧ください。
자세한 것은 홈페이지를 보십시오.

❹ おる 있다

예 担当者が常時、待機して**おります**。いつでもご連絡ください。 담당자가 상시 대기하고 있습니다. 언제라도 연락 주십시오.

❺ つきましては 따라서

예 新入社員が加わりました。**つきましては**歓迎会を開きたいと思います。 신입사원이 들어왔습니다. 따라서 환영회를 열고 싶습니다.

❻ ただ今 지금

예 弊社では、**ただ今**、セールを行っております。
저희 회사에서는 지금 세일을 하고 있습니다.

❼ 見積書 견적서

예 **見積書**の確認をお願いします。 견적서 확인을 부탁합니다.

한자 쓰기 연습

検討	会議	詳細	ただ今	見積書

word

前向きに 긍정적으로　　**議事録** 의사록　　**ホームページ** 홈페이지　　**常時** 상시　　**待機** 대기
新入社員 신입사원　　**歓迎会** 환영회

· 문법과 문형

① **お送りいただいた資料を検討させていただきました。**
보내 주신 자료를 검토했습니다.

자료를 보내 주어 도움을 받았다는 의미를 표현할 때, 받은 사람의 입장에서 「お＋送り＋いただく」를 사용한다. 「いただく」는 「もらう」의 겸양어로 자신의 행위를 낮춰 상대방을 높이는 효과가 있다. 상대방의 행위를 높이는 「お＋送り＋くださる」도 있다.

실전 예문

① お貸しいただいた参考書が大変役に立ちました。 빌려주신 참고서가 매우 도움이 되었습니다.

② お届けいただいた製品のサンプルが今日、到着しました。
보내 주신 제품의 샘플이 오늘 도착했습니다.

③ お教えいただいた方法でシステムを設定しましたが、うまくいきません。
알려 주신 방법으로 시스템을 설정했습니다만, 잘 되지 않습니다.

④ お送りくださったメールの添付ファイルが開きません。
보내 주신 메일의 첨부파일이 열리지 않습니다.

⑤ お知らせくださった銀行口座に本日、入金しました。
알려 주신 은행계좌에 오늘 입금했습니다.

② **カメラの設置台数は20台を考えております。**
카메라의 설치 대수는 20대를 생각하고 있습니다.

「おる」는 「いる」의 겸양어이다. 한국어에서는 두 동사 사이에 해석의 차이가 없지만 일본어에서는 「考えております」는 「考えています」보다 공손한 표현이다.

실전 예문

⑥ ただ今開店の準備をしております。 지금 개점 준비를 하고 있습니다.

⑦ 現在、吉田は海外へ出張しております。 현재, 요시다는 해외 출장을 가 있습니다.

⑧ 工事は順調に進んでおります。 공사는 순조롭게 진행되고 있습니다.

⑨ 新規加入のお客様に割引のサービスを行っております。
신규가입 손님에게 할인 서비스를 실시하고 있습니다.

⑩ プロジェクトの内容は現在、役員会議で検討しております。
프로젝트 내용은 현재 이사회에서 검토하고 있습니다.

3 つきましては設置工事の詳細をお知らせください。
따라서 설치 공사의 상세한 내역을 알려 주십시오

「つきましては」는「ついては」의 문어체로 앞의 내용과 관련된 요구 사항 등을 말할 때 사용된다.

'이와 관련해서' 또는 '따라서'라는 의미이다.

실전 예문

⑪ 代金を指定口座に入金しました。つきましては領収書をご送付ください。
대금을 지정계좌에 입금했습니다. 이와 관련해서 영수증을 송부해 주십시오.

⑫ 本日より全社屋禁煙になりました。つきましては禁煙にご協力ください。
오늘부터 전체 사옥 내에서는 금연입니다. 따라서 금연에 협력해 주십시오.

⑬ 市場調査の結果をお送りします。つきましては内容をご確認ください。
시장 조사 결과를 보내드립니다. 따라서 내용을 확인해 주십시오.

⑭ 7月を迎えました。つきましては定例の株主総会を開催したいと存じます。
7월을 맞이했습니다. 따라서 정례 주식 총회를 개최하려고 합니다.

⑮ 発表会の詳細が決定しました。つきましては内容をご説明いたします。
발표회의 구체적인 일정이 정해졌습니다. 이와 관련해서 내용을 설명해 드리겠습니다.

---

word

サンプル 샘플	開店 개점	順調だ 순조롭다	新規加入 신규가입	割引 할인	役員 임원
代金 대금	指定口座 지정계좌	入金する 입금하다	社屋 사옥	市場調査 시장조사	定例 정례

이메일 쓰기

• 이메일 문장 연습

① ~たいと<ruby>思<rt>おも</rt></ruby>います

> • <ruby>具<rt>ぐ</rt></ruby><ruby>体<rt>たい</rt></ruby><ruby>的<rt>てき</rt></ruby>な<ruby>条<rt>じょう</rt></ruby><ruby>件<rt>けん</rt></ruby>について、ご<ruby>相<rt>そう</rt></ruby><ruby>談<rt>だん</rt></ruby>に<ruby>応<rt>おう</rt></ruby>じたいと<ruby>思<rt>おも</rt></ruby>います。
> 구체적인 조건에 대해서 상담하고 싶습니다.
>
> • <ruby>貴<rt>き</rt></ruby><ruby>社<rt>しゃ</rt></ruby>の<ruby>工<rt>こう</rt></ruby><ruby>場<rt>じょう</rt></ruby>を<ruby>見<rt>けん</rt></ruby><ruby>学<rt>がく</rt></ruby>させていただきたいと<ruby>思<rt>おも</rt></ruby>います。 귀사의 공장을 견학하고 싶습니다.

「~たいと<ruby>思<rt>おも</rt></ruby>います」는 자신의 희망이나 원하는 일을 얘기할 때 사용된다. 일본어에서는 「~たいです」보다 「~たいと<ruby>思<rt>おも</rt></ruby>います」가 자연스럽다. 또한 「~たいですか」는 공손체지만 경의를 나타내는 상대에게 사용하는 것은 적절하지 않다. 선생님께는 「<ruby>先生<rt>せんせい</rt></ruby>、いかがでしょうか」로 표현하는 것이 적절하다.

제 3자의 희망을 말하는 경우에는 「~たがる」, 「~たいそうです」, 「~たいらしいです」, 「~たいと<ruby>言<rt>い</rt></ruby>っています」로 표현한다.

실전 예문

① <ruby>会議<rt>かいぎ</rt></ruby>の<ruby>日程<rt>にってい</rt></ruby>を<ruby>明日<rt>あす</rt></ruby>からあさってに<ruby>変更<rt>へんこう</rt></ruby>したいと<ruby>思<rt>おも</rt></ruby>います。
회의 일정을 내일에서 모레로 변경하고 싶습니다.

② それでは<ruby>次<rt>つぎ</rt></ruby>の<ruby>議題<rt>ぎだい</rt></ruby>に<ruby>移<rt>うつ</rt></ruby>りたいと<ruby>思<rt>おも</rt></ruby>います。 그럼 다음 의제로 넘어가고 싶습니다.

③ <ruby>多<rt>おお</rt></ruby>くの<ruby>消費者<rt>しょうひしゃ</rt></ruby>は<ruby>安<rt>やす</rt></ruby>い<ruby>製品<rt>せいひん</rt></ruby>を<ruby>買<rt>か</rt></ruby>いたがります。 많은 소비지는 싼 제품을 사고 싶어 합니다.

④ <ruby>部長<rt>ぶちょう</rt></ruby>、<ruby>吉田<rt>よしだ</rt></ruby>さんが<ruby>会社<rt>かいしゃ</rt></ruby>を<ruby>早退<rt>そうたい</rt></ruby>したいそうです。
부장님, 요시다 씨가 회사를 조퇴하고 싶다고 합니다.

⑤ <ruby>課長<rt>かちょう</rt></ruby>、<ruby>木村<rt>きむら</rt></ruby>さんが<ruby>新<rt>あたら</rt></ruby>しいデスクを<ruby>使<rt>つか</rt></ruby>いたいと<ruby>言<rt>い</rt></ruby>っています。
과장님, 기무라 씨가 새로운 데스크를 사용하고 싶다고 합니다.

❷ お＋동사(ます형)＋ください

- 少々お待ちください。 잠시만 기다려 주십시오.

- お知らせください。 알려 주십시오.

「～てください」보다 경도가 높은 표현이다. 「待ってください」보다 「お＋待ち＋ください」, 「知らせてください」보다 「お＋知らせ＋ください」 쪽이 상대방을 높이는 효과가 있다. 한자어의 경우는 「ご＋利用＋ください」, 「ご＋指定＋ください」 등으로 표현한다.

실전 예문

⑥ このパンフレットはご自由にお取りください。 이 팸플릿은 자유롭게 가져가 주십시오.

⑦ 16階へは3号エレベーターをお使いください。 16층에는 엘리베이터 3호를 사용해 주십시오.

⑧ 会議室では携帯電話の電源をお切りください。 회의실에서는 휴대전화 전원을 꺼 주십시오.

⑨ 問題がある場合は、いつでもご連絡ください。 문제가 있는 경우는 언제라도 연락 주십시오.

⑩ 禁煙にご協力ください。 금연에 협력해 주십시오.

TIP! 전언을 받을 때

전언을 받을 때는 메모를 하는 것이 비즈니스에서는 상식이다.

상대편 회사, 이름, 용건, 연락처, 회신 여부, 날짜, 시간, 메모하는 자신의 이름 등을 적어 전달하는 것이 일반적이다.

word

議題 의제   消費者 소비자   早退 조퇴   デスク 책상

· 실전 이메일 🎧 Track 06-02

실전 예문 거래처 담당자에게 내부 회의 결과에 대한 메일을 보내고 있다.

To. 株式会社イチゴ営業部

李知英様
<ruby>イー ジ ヨン<rt></rt></ruby>

いつもお世話になっております。モモ株式会社管理部の佐藤です。

お送りいただいた資料を検討させていただきました。

会議の結果、正式に御社の監視カメラを導入したいと思います。

カメラの設置台数は20台を考えております。

つきましては設置工事の詳細をお知らせください。

取り急ぎ、ご連絡まで。

---

word

監視カメラ 감시카메라   導入する 도입하다

▶ 다음 ( )에 적당한 표현을 넣어 비즈니스 메일을 작성하세요.

메일
작성1

前略
ぜんりゃく

お送りいただいた見積書を検討(1.　　　　　　　　)いただきました。
おく　　　　　　　　みつもりしょ　けんとう

会議の結果、正式に御社のパソコンを導入したいと思います。
かいぎ　けっか　　せいしき　おんしゃ　　　　　　　　どうにゅう　　　おも

設置台数は20台を考えて(2.　　　　　　　)。
せっち だいすう　にじゅうだい　かんが

(3.　　　　　　　　)は納期の詳細をお知らせください。
　　　　　　　　　　のうき　しょうさい　し

　　　　　　　　　　　　　　　　　　　　　　　(4.　　　　　　　)。

메일
작성2

いつも、お世話になっております。○○社、営業部の佐藤です。
せわ　　　　　　　　　　　　　　しゃ　えいぎょうぶ　さとう

お知らせ(1.　　　　　　　)合同コンペの案内について弊社で検討させていただ
し　　　　　　　　　　ごうどう　　　あんない　　　へいしゃ　けんとう

きました。

会議の結果、弊社も合同コンペに参加(2.　　　　　　　)と思います。
かいぎ　けっか　へいしゃ　ごうどう　　　さんか　　　　　　　おも

(3.　　　　　　　)、合同コンペの日程をお知らせ(4.　　　　　　)。
　　　　　　　　　ごうどう　　　にってい　し

取り急ぎ、ご連絡まで。
と　いそ　　れんらく

word

新年会 신년회　　合同コンペ 합동 컴피티션(competition)
しんねんかい　　　　　ごうどう

이메일 쓰기

• 메일 쓰기 연습

▶ 앞에 나온 '실전 이메일'의 문장을 그대로 써 보세요. 그리고 모든 한자에는 예와 같이 위에 후리가나를 쓰세요.

예

　　　しゃ　かいはつぶ　すずき　　　　　　　　おく

モモ社　開発部の鈴木　はじめてメールを送らせていただきます。

전화 업무(사내)

일본의 전화번호 •

일본의 유선 전화번호는 「지역번호–○○○○–○○○○」, 또는 「지역번호–○○○–○○○○」입니다.
대표적인 도시의 지역번호를 정리하면 다음과 같습니다.

도쿄도(03), 요코하마시(045), 치바시(043), 나고야시(052), 오사카부(06), 교토시(075), 나라시(0742),
고베시(078), 히로시마시(082), 나가사키시(095), 후쿠오카시 (092), 삿포로시(011), 오키나와현(098)

＊지도에서 위에 제시한 도시가 어디에 있는지 찾아보세요. 아래 표는 기타 각 현의 주요 도시의 지역번호
입니다.

전화 업무(사내)

日本地図
Map of Japan

さっぽろ 札幌	あさひかわ 旭川	はこだて 函館	あおもり 青森	あきた 秋田	もりおか 盛岡	せんだい 仙台	やまがた 山形	ふくしま 福島	にいがた 新潟	ながの 長野	まえばし 前橋	うつのみや 宇都宮
011	0166	0138	017	018	019	022	023	024	025	026	027	028
みと 水戸	さいたま	ところざわ 所沢	ちば 千葉	せんきょう 船橋	かしわ 柏	とうきょう 東京	はちおうじ 八王子	かわさき 川崎	よこはま 横浜	ふじさわ 藤沢	なごや 名古屋	いちのみや 一宮
029	048	04	043	047	04	03	042	044	045	0466	052	0586
はままつ 浜松	しずおか 静岡	こうふ 甲府	ぎふ 岐阜	つ 津	おおさか 大阪	さかい 堺	わかやま 和歌山	なら 奈良	きょう 京都	かねざわ 金沢	とやま 富山	おおつ 大津
053	054	055	058	059	06	072	073	0742	075	0762	0764	077
ふくい 福井	こうべ 神戸	ひめじ 姫路	ひろしま 広島	ふくやま 福山	やまぐち 山口	まつえ 松江	とっとり 鳥取	おかやま 岡山	たかまつ 高松	とくしま 徳島	こうち 高知	まつやま 松山
0776	078	079	082	084	083	0852	0857	086	087	088	088	089
ふくおか 福岡	きたきゅうしゅう 北九州	くるめ 久留米	ながさき 長崎	さが 佐賀	くまもと 熊本	だいぶ 大分	なは 那覇	みやざき 宮崎	かごしま 鹿児島			
092	093	0942	095	0952	096	097	098	0985	099			

＊ 무선 전화번호, 즉 휴대전화 번호는 「090」 또는 「080」로 시작됩니다.

긴급 전화번호는 「110番(ひゃくとおばん)」으로, 읽는 방법에 주의하세요.

화재신고 전화번호는 「119番(ひゃくじゅうきゅうばん)」입니다.

Part 4

電話の応対(社外)

전화 업무(사외)

第7課

でんわ　おうたい　しゃがい
電話の応対(社外)

실전 회화

おそ　い　　　　　　えいぎょうぶ　　なかむら
恐れ入りますが、営業部の中村さんを
ねが
お願いいたします。

죄송하지만, 영업부의 나카무라 씨 부탁드립니다.

학습 목표

 거래처에 전화를 걸어 업무를 처리할 수 있다.

| 주요 표현 |

かぶしきがいしゃ
株式会社△△でございます。

おそ　い　　　　　　えいぎょうぶ　　なかむら　　　　　　　ねが
恐れ入りますが、営業部の中村さんをお願いいたします。

かしこまりました。

주요 어휘와 표현

□ おそれいる	恐れ入る	송구스럽다	★사죄의 의미는 없고 정중한 의뢰에 사용한다.
□ かしこまる		분부대로 하다	
□ もうしつたえる	申し伝える	전해 드리다	
□ うけたまわる	承る	받다, 듣다	★「受ける(받다)」, 「聞く(듣다)」의 겸양어
□ しょうちしました*	承知しました	알겠습니다	★「わかりました」의 겸양어, 상사에게 사용한다.
□ きょうしゅくだ*	恐縮だ	송구스럽다, 황송하다	★감사나 폐를 끼쳤을 때 사용한다.
□ さように*		그렇게	★「そのように」의 정중어

*: 관련 어휘

전화 업무(사외)

예문 확인

❶ 恐れ入る 죄송하다

예 **恐れ入りますが**、名刺をいただけますか。
죄송하지만, 명함을 받을 수 있을까요?

❷ かしこまる 알겠다

예 納期は13日までですね。**かしこまりました。**
납기는 13일까지네요, 알겠습니다.

❸ 申し伝える 전달하다

예 担当者にそのようにと**申し伝えます。**
담당자에게 그렇게 전달하겠습니다.

❹ 承る 받다

예 ご依頼の件、**承りました。**後ほどお見積りをお送り
します。 의뢰하신 건, 받았습니다. 추후 견적을 보내겠습니다.

❺ 承知しました 알겠습니다

예 ご依頼の件、**承知いたしました。** 의뢰하신 건, 잘 알겠습니다.

❻ 恐縮だ 송구하다

예 ご迷惑をおかけして、大変**恐縮に存じます。**
폐를 끼쳐서 매우 송구하게 생각합니다.

❼ さように 그렇게

예 部長の木村に**さように申し伝えます。**
기무라 부장에게 그렇게 전달하도록 하겠습니다.

한자 쓰기 연습

恐れ入る	申し伝える	承る	承知	恐縮

word

依頼 의뢰

1 株式会社△△でございます。 주식회사 △△입니다.

「～でございます」는「～であります」보다 경도가 높은 표현이다.

실전 예문

① 発表会の受付はこちらでございます。 발표회의 접수는 이쪽입니다.

② 本日、司会を担当する田中でございます。 오늘 사회를 담당하는 다나카입니다.

③ 本日の議題は「今後の戦略」についてでございます。
오늘의 의제는 '앞으로의 전략'에 대해서입니다.

④ お電話、ありがとうございます。株式会社○○でございます。
전화 감사드립니다. 주식회사 ○○입니다.

⑤ お電話、代わりました。担当の木村でございます。 전화 바꿨습니다. 담당인 기무라입니다.

2 恐れ入りますが、営業部の中村さんをお願いいたします。
죄송하지만, 영업부 나카무라 씨를 부탁드립니다.

「恐れ入る」는「すみませんが」보다 공손한 표현으로 의뢰나 부탁을 할 때 사용한다. 사죄의 표현으로「申し訳ございませんが」、「恐縮ですが」등도 있다.

실전 예문

⑥ 恐れ入りますが、身分証を見せていただけますか。 죄송하지만, 신분증을 보여주시겠습니까?

⑦ 恐れ入りますが、ご予約がない方の面会はお断りしております。
죄송하지만, 예약 하지 않은 분의 면회는 거절하고 있습니다.

⑧ 申し訳ございませんが、年末年始は営業しておりません。
죄송하지만, 연말연시는 영업하고 있지 않습니다.

⑨ 申し訳ございませんが、御社のご要望にはお応えできません。
죄송하지만, 귀사의 요망에 응답할 수 없습니다.

⑩ 恐縮ですが、ペンを拝借できますか。 죄송하지만, 펜을 빌릴 수 있을까요?

3 かしこまりました。 알겠습니다.

「わかりました」의 겸양어로 상사의 명령·지시·의뢰에 대답할 때 「かしこまりました」를 사용한다. 「承知しました」도 많이 사용한다.

실전 예문

⑪ 期限は来月三日ですね。かしこまりました。 기한은 다음 달 3일이군요. 알겠습니다.

⑫ かしこまりました。少々、お待ちください。 알겠습니다. 잠시만 기다려 주십시오.

⑬ かしこまりました。担当の者にそのように伝えます。
알겠습니다. 담당자에게 그렇게 전하겠습니다.

⑭ Aプランをご希望ですね。承知しました。 A플랜을 희망하시는군요. 알겠습니다.

⑮ 承知しました。それではすぐに必要な物資を手配します。
알겠습니다. 그럼 바로 필요한 물자를 준비하겠습니다.

TIP! **지시를 받았을 때의 대답**

「わかりました(알았습니다)」의 의미로 「承知しました〈겸양어〉」, 「了解しました〈공손어〉」, 「了承しました〈공손어〉」, 「かしこまりました〈겸양어〉」가 있다.

비즈니스 장면에서는 손님·윗사람·상사에게 사용하는 「承知しました(사정 등을 알았습니다)」,

「かしこまりました(의뢰나 지시 등을 삼가 받다)」가 가장 적절하다.

「了解しました(사정을 납득했습니다, 이해했습니다)」는 동료나 아랫사람에게 사용하고, 원칙적으로 상사나 거래처 손님에게는 사용하지 않는다.

그리고 「了承しました(사정 등을 납득해서 알았습니다)」는 부하나 아랫사람에게 사용한다. 「了解しました」는 '이해하다', 「了承しました」는 '인정하다, 받아들이다'에 중점을 두고 있다.

---

word

受付 접수	戦略 전략	身分証 신분증
面会 면회	年末年始 연말연시	要望に応える 요청에 답하다
拝借する 빌리다(「借りる」의 겸양어)	物資 물자	手配する 수배하다, 알아보다

1 念_{ねん}のため

A ○○社_{しゃ}の金_{キム}から電話_{でんわ}があったとお伝_{つた}えください。

○○사 김△△한테 전화가 왔다고 전해 주십시오.

B かしこまりました。念_{ねん}のため、ご連絡先_{れんらくさき}を確認_{かくにん}させていただきます。

알겠습니다. 만일을 위해 연락처를 확인하도록 하겠습니다.

○○社_{しゃ}の金_{キム}さんでよろしいですね。 ○○사 김△△ 씨 맞으시죠?

전언을 받을 때 상대방의 회사명과 이름은 다시 한 번 확인하는 것이 좋다. 이때 「念のため」와 같은 표현을 사용한다.

실전 예문

① 念_{ねん}のため、契約書_{けいやくしょ}のコピーを取_とらせていただきます。 만일을 위해 계약서 복사를 해 놓겠습니다.

② 念_{ねん}のため、サンプルの予備_{よび}も作製_{さくせい}しておきます。 만일을 위해 예비 샘플도 제작해 두겠습니다.

③ 念_{ねん}のため、もう一度_{いちど}お聞_ききしますが、契約内容_{けいやくないよう}に異存_{いぞん}はおありになりませんね?

만일을 위해 한 번 더 묻겠습니다만, 계약 내용에 이의는 없으시죠?

④ 会場_{かいじょう}は屋外_{おくがい}にあるので、念_{ねん}のため、防寒具_{ぼうかんぐ}をご用意_{ようい}ください。

회의장은 옥외에 있기 때문에, 만일을 위해 방한도구를 준비해 주십시오.

⑤ 道_{みち}が混雑_{こんざつ}する恐_{おそ}れもありますので、念_{ねん}のため、早_{はや}めにお越_こしください。

길이 혼잡할 우려가 있기 때문에 만일을 위해 조금 일찍 와 주십시오.

2 申_{もう}し伝_{つた}えます

A では、お電話_{でんわ}をいただきたいとお伝_{つた}えいただけませんか。

그럼 전화를 해 달라고 전해 주시겠습니까?

B 確_{たし}かに、その旨_{むね}、申_{もう}し伝_{つた}えます。私_{わたし}、営業1課_{えいぎょういっか}の鈴木_{すずき}と申_{もう}します。

틀림없이 그렇게 전해 드리겠습니다. 저는 영업 1과 스즈키라고 합니다.

전언을 받을 때 「申し伝_{もうつた}えます」 등을 사용한다. 마지막에 자신의 소속과 이름을 말해야 한다.

실전 예문

⑥ かしこまりました。社長にそのように申し伝えます。
알겠습니다. 사장님께 그렇게 전하겠습니다.

⑦ 確かに担当の者に申し伝えます。 틀림없이 담당자에게 전하겠습니다.

⑧ それでは「注文はキャンセルで」と営業部に申し伝えます。
그럼 '주문은 취소'라고 영업부에 전하겠습니다.

⑨ 何かご伝言があれば私が担当の者に申し伝えますが。
무언가 전언이 있으면 제가 담당자에게 전하겠습니다만.

⑩ 「電話をするように」と担当の鈴木に申し伝えましょうか。
'전화 부탁한다'고 담당인 스즈키에게 전해 드릴까요?

3 承りました

A 私、海外部の山田が確かに承りました。 저 해외부의 야마다가 분명히 받았습니다.

B では、よろしくお願いいたします。 그럼, 잘 부탁드립니다.

전언을 받는 자신의 소속과 이름을 밝히고 분명히 전달하겠다는 뜻으로 마무리 인사할 때 「確かに承りました」를 사용한다. 또는 「では、さように伝えておきます。私、○○部の△△と申します」와 같이 사용한다.

실전 예문

⑪ ご伝言、確かに承りました。 전언, 분명히 받았습니다.

⑫ ご依頼、確かに承りました。 의뢰, 분명히 받았습니다.

⑬ ご予約、確かに承りました。 예약, 분명히 받았습니다.

⑭ ご注文、確かに承りました。 주문, 분명히 받았습니다.

word

コピーを取る 복사를 하다　予備 예비　異存 다른 의견　会場 회장　屋外 옥외　防寒具 방한도구
恐れがある 우려가 있다　伝言 전언

실전 회화

🎧 Track 07-02

실전 예문 │ 거래처에 전화했지만 담당자가 부재중이여서 전화연락을 부탁하고 있다.

取引先(鈴木) お電話ありがとうございます。株式会社イチゴでございます。

金 私、モモ社営業部の金振宇と申します。

恐れ入りますが、開発部の中村さんをお願いいたします。

取引先 あいにく中村はただ今席を外しております。

戻りましたら、こちらからお電話いたしましょうか。

金 そうですか。では、お願いします。

取引先 かしこまりました。

念のため、お電話番号を教えていただけますか。

金 045-752-4596です。

取引先 045-752-4596ですね。確かに、そのように申し伝えます。

私、開発部鈴木が承りました。

金 よろしくお願いいたします。

word

あいにく 공교롭게도 　**席を外す** 자리에 없다

▶ 다음 비즈니스 회화문의 ( )에 적당한 표현을 넣어서 연습하세요.

회화 연습 1

A　お忙しいところを申し訳ございません。
　　営業部の中村さんをお願いいたします。

B　あいにく中村はただ今(1. 　　　　　　　　)ております。
　　戻りましたら、こちらからお電話(2. 　　　　　　　)。

A　そうですか。では、お願いします。

B　かしこまりました。
　　(3. 　　　　　　　)お電話番号を教えていただけますか。

회화 연습 2

A　お電話、ありがとうございます。株式会社○○(1. 　　　　　　　　)。

B　私、△△社、営業部の田中と申します。
　　恐れ入りますが、人事部の吉田部長をお願いいたします。

A　あいにく、ただ今、吉田は席を外しております。
　　よろしければ、ご伝言を承りましょうか。

B　それでは、次の打ち合わせを来月三日に開いてほしいんですが、
　　お電話をくださいとお伝えください。

A　(2. 　　　　　　　)。そのように(3. 　　　　　　)。
　　私、崔が(4. 　　　　　　)。

전화 업무(사외)

실전 회화

● 롤플레이

▶ A, B에 쓰여 있는 역할에 맞게 타사 직원과 '전화 업무' 대화를 해 보세요.

A ○○社 社員1

あなたは○○社営業部で働いています。取引先の社員2から同僚の田中に電話がか

かってきました。同僚は今、会社内にいません。伝言があるかを聞いて、あれば申し

伝えると言いましょう。最後に相手の名前と電話番号を確認しましょう。

A : ○○사 사원1

당신은 ○○사 영업부에서 일하고 있습니다. 거래처 사원2로부터 동료인 다나카에게 전화가 걸려왔습니다. 동료는 지금 회사 안에 없습니다. 전할 말이 있으면 전달하겠다고 말합시다. 마지막으로 상대방의 이름과 전화번호를 확인하세요.

B △△社 社員2

あなたは△△社営業部で働いています。○○社の田中さんに電話をかけましたが、田中

さんはいません。○○社の社員に「明日までに見積書を送ってほしいと」と言って、田

中さんへの伝言をお願いしましょう。最後に自分の名前と電話番号を言いましょう。

B : △△사 사원2

당신은 △△회사 영업부에서 일하고 있습니다. ○○사의 다나카 씨에게 전화를 걸었습니다만, 다나카 씨는 자리에 없습니다. ○○사의 사원에게 '내일까지 견적서를 보내줬으면 좋겠다'고 말하고, 다나카 씨에게 전언을 부탁합시다. 마지막으로 자신의 이름과 전화번호를 말하세요.

A ○○社　社員1
➜

B △△社　社員2
➜

第8課

電話の応対(社外)

이메일 쓰기

折り返し電話してほしいとのことです。

전화 달라고 합니다.

학습 목표

이메일 쓰기 거래처에서 동료에게 전화가 온 것을 메일로 알릴 수 있다.

| 주요 표현 |

お疲れ様です。

電話してほしいとのことです。

주요 어휘와 표현

Track 08-01

□ おりかえし	折り返し	되돌아옴 / 즉시
□ でんごん	伝言	전언
□ 〜をとりつぐ*	〜を取り次ぐ	〜을 연결하다
□ 〜にかわる*	〜に代わる	〜을 바꾸다
□ 〜にまわす*	〜に回す	〜으로 돌리다
□ おかけちがい*	お掛け違い	잘못 거심
□ でんわがとおい*	電話が遠い	전화가 잘 안 들리다

*: 관련 어휘

전화 업무(사외)

예문 확인

❶ 折り返し 즉시
例 担当者が戻り次第、折り返しお電話差し上げます。
담당자가 돌아오는 대로 즉시 전화 드리겠습니다.

❷ 伝言 전언
例 恐れ入りますが、ご伝言をお願いしたいのですが。
죄송하지만, 전언을 부탁드리고 싶습니다만.

❸ 〜を取り次ぐ
〜을 연결하다
例 営業部に電話をお取り次ぎいたします。
영업부에 전화를 연결해 드리겠습니다.

❹ 〜に代わる
〜을 바꾸다
例 電話を経理部の吉田さんに代わっていただけますか。
전화를 경리부의 요시다 씨를 바꿔 주실 수 있습니까?

❺ 〜に回す
〜에 돌리다
例 この計画表を部署の部員に回してください。
이 계획표를 부서원들에게 돌려주세요.

❻ お掛け違い
잘못 걺
例 あの、電話をお掛け違いのようですよ。
저, 전화를 잘못 거신 것 같습니다.

❼ 電話が遠い
전화감이 멀다
例 恐れ入りますが、少々お電話が遠いのですが…。
죄송하지만, 조금 전화가 잘 안 들리는데요….

✏한자 쓰기 연습

折り返し	伝言	取り次ぐ	代わる	電話

word

〜次第 〜하는 대로   部員 부원   少々 조금

문법과 문형

전화 업무(사외)

1 **お疲れ様です。** 수고하십니다.

거래처에 비즈니스 업무로 전화를 하는 경우, 처음에「もしもし」라고 하지 않는다.「お疲れ様です」나「お世話になっております」,「毎度ありがとうございます」로 인사하는 것이 일반적이다.

실전 예문

① 経理部の佐藤です。お疲れ様です。ちょっと帰社の時間が遅れます。
경리부 사토입니다. 수고하십니다. 조금 귀사 시간이 늦어지겠습니다.

② お疲れ様です。営業部の田中です。吉田さんに電話をつないでくれますか。
수고하십니다. 영업부 다나카입니다. 요시다 씨에게 전화를 연결해 주시겠습니까?

③ ○○社の佐藤です。いつもお世話になっております。打ち合わせの件でお電話しました。○○사 사토입니다. 항상 신세를 지고 있습니다. 미팅 건으로 전화 드렸습니다.

④ お世話になっております。○○社の吉田です。鈴木部長はいらっしゃいますか。
신세를 지고 있습니다. ○○사 요시다입니다. 스즈키 부장님은 계십니까?

⑤ 弊社のご利用、毎度ありがとうございます。今後ともよろしくお願いします。
저희 회사를 이용해 주셔서 항상 감사드립니다. 앞으로도 잘 부탁드립니다.

TIP! **전언 메모 양식**

伝言メモ 전언 메모

　　様へ 님께

　　様より 님으로부터

　月　日　時　分ごろ 월 일 시 분경

- 電話がありましたことをお伝えください。 전화가 왔었다고 전해주세요.
- またお電話します。 다시 전화하겠습니다.
- 電話をください。 전화주세요.
- 要件は以下の通りです。 용건은 다음과 같습니다.

受信者 수신자 (　　　　　)

② **電話してほしいとのことです。** 전화 달라고 합니다.

「～てほしい」는 상대방이 자신에게 해 주길 바라는 내용을 말할 때 사용한다. 「동사(ます형)+たい」는 자신이 원하는 것이나 희망을 말할 때 사용한다.

실전 예문

⑥ 吉田君、報告書はもっと分かりやすく書いてほしい。
요시다 군, 보고서는 좀 더 알기 쉽게 써 주었으면 해.

⑦ 佐藤さん、これのコピーを取ってほしいんだけど…。
사토 씨, 이것 복사해 주었으면 하는데….

⑧ 部長、そういうのはセクハラだと思います。やめてほしいです。
부장님, 그런 행동은 성희롱이라고 생각합니다. 하지 말아 주세요.

⑨ 部長、決済書に押印してほしいのですが。
부장님, 결재서류에 날인을 해 주셨으면 합니다만.

⑩ 取引先から「早く商品を納入してほしい」と連絡がありました。
거래처에서 '빨리 상품을 납입하기 바란다'라는 연락이 있었습니다.

---

word

電話をつなぐ 전화를 연결하다 **打ち合わせ** 사전회의 **報告書** 보고서 **セクハラ** 성추행
決済書 결제서 **押印する** 날인하다

•이메일 문장 연습

① 折り返し

- ・折り返しお電話するように伝えておきましょうか。 즉시 전화를 하도록 전해 둘까요?

- ・折り返しご返信ください。 즉시 메일 답신을 주십시오.

「折り返し」는 받은 즉시라는 뜻이다. 전화나 메일을 받아 바로 연락하기를 바라는 상황에서 사용한다.

실전 예문

① 恐れ入りますが、折り返しお電話していただけますか。
죄송하지만, 즉시 전화해 주시겠습니까?

② 10分後にこちらから折り返しお電話いたします。
10분 후에 저희 쪽에서 바로 전화 드리겠습니다.

③ この留守電をお聞きになりましたら、折り返しお電話ください。
이 부재중 전화를 들으시거든, 즉시 전화 주십시오.

④ 折り返しメールでご案内いたします。 즉시 메일로 안내해 드리겠습니다.

⑤ 折り返しご返事をいただけますか。 즉시 답장을 받을 수 있습니까?

> **TIP! 상사 소개하기**
>
> 일본 회사에서는 자신의 상사를 거래처 사람에게 소개하는 경우에 상사를 높이지 않는다. 「田中」, 「課長の田中」와 같이 직함을 붙이지 않고 이름만 말한다. 사내(社内)와 사외(社外)에서의 호칭이 우리나라와 다르다는 점에 주의해야 한다.

② ~とのことです

- できれば、本日ごご6時までに電話してほしいとのことです。
  가능하면 오늘 오후 6시까지는 전화해 달라는 내용입니다.

- メールの返信がほしいとのことでした。 메일 답신을 원한다고 합니다.

「~とのことです」는 다른 사람에게 전언할 때 사용한다. 더 경의를 표현한 「~との伝言です」도 일반적으로 사용한다. 「~とのことでした」, 「~との伝言でした」도 사용 가능하다.

실전 예문

⑥ 部長、△△社の渡辺部長が「電話をしてほしい」とのことです。
부장님, △△사 와타나베 부장님이 '전화 바란다'라는 내용입니다.

⑦ 明日の会議は来週に延期とのことです。 내일 회의는 다음 주로 연기한다는 내용입니다.

⑧ 報告書によると先月の売り上げは10％増加したとのことです。
보고서에 의하면 지난 달 매출은 10% 증가했다고 합니다.

⑨ 取引先にいる鈴木さんの話によると大きなトラブルはないとのことでした。
거래처의 스즈키 씨의 얘기에 의하면 큰 트러블은 없다고 합니다.

⑩ ○○社の吉田課長が面会したいとの伝言です。
○○사 요시다 과장님이 면회하고 싶다는 전언입니다.

---

word

留守電 부재중전화(「留守電話」의 줄임말)   **延期** 연기   **売り上げ** 매상   **増加する** 증가하다

トラブル 트러블, 문제

이메일 쓰기

• 실전 이메일   🎧 Track 08-02

실전 예문   메일로 거래처에서 전화가 왔다는 것을 같은 회사 직원에게 전하고 있다.

To. 営業部（えいぎょうぶ）　李知英（イージヨン）様（さま）

お疲（つか）れ様（さま）です。開発部（かいはつぶ）の鈴木（すずき）です。

今日午後（きょうごご）3時頃（さんじごろ）に株式会社（かぶしきがいしゃ）モモの金河映（キムハヨン）さんからお電話（でんわ）がありました。

折（お）り返（かえ）し電話（でんわ）してほしいとのことです。

会社（かいしゃ）に戻（もど）り次第（しだい）、金河映（キムハヨン）さんに電話（でんわ）してください。

電話番号（でんわばんごう）は03-6361-3521（ぜろさんのろくさんろくいちのさんごにいち）です。

お願（ねが）いします。

종합 연습 •

▶ 다음 (   )에 적당한 표현을 넣어 비즈니스 메일을 작성하세요.

메일 작성 1

お疲れ様です。営業部の鈴木です。

先ほど株式会社△△の金河映さんからお電話が(1.　　　　　　　　)。

折り返し電話してほしい(2.　　　　　　　　)。

会社に戻り(3.　　　　　　　　)、金河映さんに電話するように、お願いします。

전화 업무(사외)

메일 작성 2

(1.　　　　　　　　)。総務部の崔です。

先ほど△△社の田中さんからお電話がありました。

次の打ち合わせを来月三日に開いてほしい(2.　　　　　　　　)です。

三日に打ち合わせが可能か、田中さんに(3.　　　　　　　　)お電話をお願いします。

---

word

可能 가능

• 메일 쓰기 연습

▶ 앞에 나온 '실전 이메일'의 문장을 그대로 써 보세요. 그리고 모든 한자에는 예와 같이 위에 후리가나를 쓰세요.

예

しゃ　かいはつぶ すずき　　　　　　　　おく

モモ社　開発部の鈴木　はじめてメールを送らせていただきます。

일본 은행 이용 •

일상생활이나 회사업무로 은행을 이용할 일은 많을 것입니다. 여기서는 은행 업무 관련 어휘를 알아봅시다. 일본어의 은행 관련 어휘는 한국어와 다른 경우가 많으므로 주의하세요.

일본 각 은행의 ATM조작화면

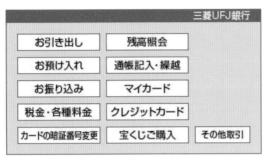

▲ 三菱UFJ銀行(미쓰비시UFJ은행)

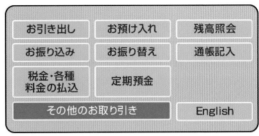

▲ 三井住友銀行(미쓰이스미토모은행)

▲ みずほ銀行(미즈호은행)

▲ ゆうちょ銀行(유초은행/우체국)

· 金融機関 금융기관   · 窓口 창구   · 口座 계좌

· 通帳 통장   · 印鑑 인감

· おひきだし(お引き出し/お引出し/お引出) 출금

· おあずけいれ(お預け入れ/お預入れ/お預入) 예금

· おふりこみ(お振り込み/お振込み/お振込) 입금

· おふりかえ(お振り替え/お振替え/お振替) 이체

· ご送金 송금   · 自動振込み 자동입금   · 自動引落し 자동이체

· 口座振替 계좌이체   · 定期預金 정기예금   · 残高照会 잔액조회

· 通帳記入 통장정리   · 暗証番号 비밀번호   · 4桁 4자리

· クレジットカード 신용카드   · キャッシュカード 현금카드   · 公共料金 공과금

· 納付書 납부서   · 届出印 은행에 신고할(한) 인감   · 両替 환전

· 届け出る 신고하다   · 納める 납부하다   · お金を下ろす 돈을 찾다

전화 업무(사외)

Part 5

ぎょう　む　い　らい
業務依頼

업무 의뢰

第9課

ぎょう む い らい
業務依頼

실전 회화

きゅうとう しつ　　　　い
給湯室に行かれますか。

차 준비실에 가십니까?

학습 목표

실전 회화 동료에게 업무를 부탁할 수 있다.

| 주요 표현 |

きゅうとうしつ　　い
給湯室に行かれますか。

おうせつしつ　　　　　　　　も
応接室にお持ちすればよろしいでしょうか。

かい ぎ しつ
会議室ですね。わかりました。

주요 어휘와 표현

□ きゅうとうしつ	給湯室	차 준비실	★탕비실의 순화어
□ おきゃくさま	お客様	손님	
□ でむかえる	出迎える	맞이하다	★見送る 배웅하다
□ かいぎしつ	会議室	회의실	
□ おうせつしつ	応接室	응접실	
□ きしゃ	貴社	귀사	
□ とりひき	取引	거래	★取引する 거래하다

업무 의뢰

예문 확인

❶ 給湯室 차 준비실
예 **給湯室**でお茶を淹れます。 차 준비실에서 차를 탑니다.

❷ お客様 손님
예 **お客様**を見送りに駅に行きます。 손님을 배웅하러 역에 갑니다.

❸ 出迎える 맞이하다
예 空港で**お客様**を**出迎え**なければなりません。
공항에서 손님을 맞이하지 않으면 안 됩니다.

❹ 会議室 회의실
예 現在、**会議室**は立ち入り禁止です。 현재 회의실은 출입금지입니다.

❺ 応接室 응접실
예 **応接室**のお客様にコーヒーをお出しします。
응접실의 손님에게 커피를 드리겠습니다.

❻ 貴社 귀사
예 **貴社**の誠意がない対応に甚だ困惑しております。
귀사의 성의 없는 대응에 매우 곤란해 하고 있습니다.

❼ 取り引き 거래
예 納期を守れない場合は**取り引き**を中止させていただきます。
납기를 지킬 수 없는 경우에는 거래를 중지하겠습니다.

한자 쓰기 연습

給湯室	お客様	会議室	貴社	取引

word

お茶を淹れる 차를 타다　　**立ち入り禁止** 출입금지　　**困惑** 곤혹, 난처하여 당황함

1 給湯室に行かれますか。 차 준비실에 가십니까?

• 존경의 「～(ら)れる」의 활용 규칙

동사 1그룹	동사 2그룹	동사 3그룹
読む → 読まれる (a단+れる)	見る → 見られる (る 삭제+られる)	する → される 来る → 来られる

「行く」의 존경형은 「行かれる」이다. 「行かれる」 이외에도 「いらっしゃる」가 있다. 일본어는 경어의 종류가 다양하기 때문에 상대방의 지위나 소속, 친소 관계에 따라 경어를 선택하여 사용할 수 있다. 상대방의 지위가 높고 소속이 다른 경우 존경표현을 사용하는 것이 일반적이다.

실전 예문

① 吉田さん、明日のプレゼンはどのようにされますか。
요시다 씨, 내일 프레젠테이션은 어떻게 하십니까?

② 部長、報告書は読まれましたか。 부장님, 보고서는 읽으셨습니까?

③ お客様が弊社で財布をなくされました。 손님이 저희 회사에서 지갑을 잃어버리셨습니다.

④ お客様が買われた商品の中に不良品があったそうです。
손님이 사신 상품 속에 불량품이 있었다고 합니다.

⑤ ○○社の吉田様が3時に空港に到着される予定です。
○○사 요시다 님이 3시에 공항에 도착할 예정입니다.

2 応接室にお持ちすればよろしいでしょうか。 응접실에 가져가면 될까요?

동료에게 괜찮은지 물을 때 「いいですか」보다 더 정중한 「よろしいでしょうか」로 표현한다. 동료에게 시간 있느냐고 물어 볼 때도 「お時間よろしいでしょうか」, 「ご都合よろしいでしょうか」가 사용된다.

실전 예문

⑥ 課長、今日は早退してもよろしいでしょうか。 과장님, 오늘은 조퇴해도 될까요?

⑦ 部長、ご相談があるのですが、今お時間よろしいでしょうか。
부장님, 상의할 일이 있습니다만, 지금 시간 괜찮으신가요?

⑧ デザインの下図を描いてみましたが、これでよろしいでしょうか。
디자인 밑그림을 그려 보았는데, 이것으로 괜찮을까요?

⑨ 次の打ち合わせですが、いつご都合がよろしいでしょうか。
다음 미팅입니다만, 언제 시간 괜찮으신가요?

⑩ □□社との交渉はどのようにすればよろしいでしょうか。
□□ 사와의 교섭은 어떻게 하면 좋을까요?

3 **会議室ですね。わかりました。** 회의실이죠? 알겠습니다.

상대방에게 들은 내용을 반복하며 확인하는 경우 종조사「~ね」를 사용한다.

실전 예문

⑪ この書類を３０部コピーですね。わかりました。
이 서류를 30부 복사하는 거지요? 알겠습니다.

⑫ 納期の期日は来月六日ですね。承知しました。
납기 기일은 다음 달 6일이지요? 알겠습니다.

⑬ 古い型番の方の製品をご所望ですね。かしこまりました。
오래된 모델의 제품을 희망하시는군요? 알겠습니다.

⑭ 会議は来週に延期ですね。担当者にそのように伝えます。
회의는 다음 주로 연기지요? 담당자에게 그렇게 전하겠습니다.

⑮ あさってから出張ですね。早速飛行機のチケットを手配します。
모레부터 출장이지요? 바로 비행기 티켓을 준비하겠습니다.

word

下図を描く 밑그림을 그리다　都合が良い 사정이 좋다. 형편이 좋다　~部 ~부　型番 모델번호　所望 소망

실전 회화

· 회화 문장 연습

---

1 ～ていただけませんか

A　本日_{ほんじつ}はどのようなご用件_{ようけん}でしょうか。 오늘은 어떤 용건이십니까?

B　貴社_{きしゃ}との取引_{とりひき}について、支払_{しはら}いの条件_{じょうけん}を変更_{へんこう}させていただきたいのですが。
　　귀사와의 거래에서 지불 조건을 변경하고 싶습니다만.

A　さようでございますか。支払_{しはら}いの条件_{じょうけん}について知_しらせていただけませんか。
　　그렇습니까? 지불 조건에 대해서 알려주시지 않겠습니까?

「～てもらえませんか」보다 「～ていただけませんか」는 상대방에게 더 공손하게 의뢰하는 표현이다.
「～ていただけないでしょうか」도 사용한다.

실전 예문

① すみません。スペアキーを貸_かしていただけませんか。
　죄송합니다. 스페어 키를 빌려 주실 수 있습니까?

② 担当_{たんとう}の方_{かた}のお名前_{なまえ}を教_{おし}えていただけませんか。 담당하는 분의 성함을 가르쳐 주실 수 있습니까?

③ 課長_{かちょう}、ちょっとこの企画書_{きかくしょ}を読_よんでいただけませんか。
　과장님, 잠시 이 기획서를 읽어 주시겠습니까?

④ 代金_{だいきん}の支払_{しはら}いを来週_{らいしゅう}まで待_まっていただけないでしょか。
　대금 지불을 다음 주까지 기다려 주실 수 없을까요?

⑤ 納品_{のうひん}の期日_{きじつ}を少_{すこ}し延_のしていただけないでしょうか。
　납품 기일을 조금 연장해 주실 수 없을까요?

TIP!　인사하기

비즈니스의 기본은 예의바른 인사이다.

회사에 아침에 출근했을 때 「おはようございます」라고 인사하고 업무를 시작하며,

오후에 출근했을 경우에는 「ただ今_{いま}、出社_{しゅっしゃ}いたしました、おつかれさまです」라고 한다.

비즈니스 세계에서는 일상적인 인사인 「こんにちは」는 사용하지 않는다.

업무 의뢰

③ 申し訳ないですが

A 李さん、申し訳ないですが、ちょっと手を貸してもらえませんか。
이○○씨, 죄송하지만 좀 도와 줄 수 있어요?

B いいですよ。先輩、何でしょうか。 네, 가능합니다. 선배님, 무슨 일이에요?

A 打ち合わせの前に、パワーポイントを作成しなければならないんです。
사전협의 전에 PPT를 작성하지 않으면 안 되거든요.

상대방에게 부탁을 해야 하는 경우, 부하직원이라 하더라도「すみませんが」보다 더 정중한 표현으로「申し訳ないですが」를 사용한다. 상대가 친한 동료나 후배라면「悪いんだけど、〜てくれない?」를 사용한다.

실전 예문

⑥ 申し訳ないですが、ちょっと手伝っていただけませんか。
죄송하지만, 잠시 도와주실 수 있습니까?

⑦ 申し訳ないですが、電話を吉田さんにつないでいただけませんか。
죄송하지만, 전화를 요시다 씨에게 연결해 주실 수 있습니까?

⑧ 申し訳ないですが、もう少し分かりやすく説明していただけませんか。
죄송하지만, 조금 더 알기 쉽게 설명해 주실 수 있습니까?

⑨ 悪いんだけど、ちょっと手伝ってくれない。 미안한데, 조금 도와주지 않을래?

⑩ 悪いんだけど、棚からファイルを持ってきてくれない。
미안한데, 책장에서 파일을 가져와 주지 않을래?

word

スペアキー 스페어 키(spare key)　企画書 기획서　先輩 선배　支払い 지불

🎧 Track 09-02

실전 예문 　사내에서 동료에게 회의실의 차 준비를 부탁하고 있다.

> **朴** 　渡辺さん、給湯室に行かれますか。
>
> 申し訳ないですが、ちょっとお願いがあるんです。

> **渡辺** 　ええ、何でしょうか。

> **朴** 　お客さまがいらっしゃるので、お茶を準備していただけませんか。
>
> 私は出迎えに行かなければならなくて…。

> **渡辺** 　わかりました。応接室にお持ちすればよろしいでしょうか。

> **朴** 　あ、いいえ。会議室に持ってきていただけませんか。

> **渡辺** 　会議室ですね。わかりました。

> **朴** 　お願いします。

word

いらっしゃる 계시다, 오시다, 가시다(「いる, くる, いく」의 존경어)

업무 의뢰

▶ 다음 비즈니스 회화문의 (　　)에 적당한 표현을 넣어서 연습하세요.

회화
연습 1

A お客様がいらっしゃるので、会議室まで案内して(1.　　　　　　　　　)。

私は新商品のサンプルを準備しなければならないんです。

B わかりました。会議室までご案内すれば(2.　　　　　　　)でしょうか。

회화
연습 2

A 金さん、会計ソフトはよく(1.　　　　　　　)。

B はい、毎日、使いますよ。

A (2.　　　　　　　)、ちょっと使い方を教えて(3.　　　　　　　)。

B ええ、いいですよ。何をお教えすれば(4.　　　　　　　)。

word

会計ソフト 회계 프로그램

▶A, B에 쓰여 있는 역할에 맞게 직원 간 업무를 의뢰하는 대화를 해 보세요.

A ○○社 社員1

あなたは○○社営業部で働いています。今日中に先月の売り上げのをグラフにしなければなりません。

しかし、今日は一日中、会議があって忙しいです。社員2に先月の売り上げの推移をグラフにしてほしいと依頼しましょう。

A : ○○사 사원1
당신은 ○○사 영업부에서 일하고 있습니다. 오늘 중으로 지난달의 매상 추이를 그래프로 만들어야 합니다. 그런데 오늘은 하루 종일 회의가 있어서 바쁩니다. 사원2에게 지난달 매상 추이를 그래프로 만들어달라고 부탁해 보세요.

B ○○社 社員2

あなたは○○社営業部で働いています。今日は、そんなに忙しくありません。社員1が先月の売り上げをグラフにしてほしいと依頼しました。何時までに、どんなグラフ(棒グラフ・折れ線グラフ)を作れば良いかを聞いて、依頼を受けましょう。

B : ○○사 사원2
당신은 ○○사 영업부에서 일하고 있습니다. 오늘은 그렇게 바쁘지 않습니다. 사원1이 지난달 매상을 그래프로 만들어 달라고 부탁했습니다. 몇 시까지 어떤 그래프(막대 그래프, 꺾은 선 그래프)를 만들면 좋을지 물어보고 의뢰를 수락하세요.

word

推移 추이   棒グラフ 막대 그래프   折れ線グラフ 꺾은선 그래프

A ○○社　社員1
➜

B ○○社　社員2
➜

第10課

ぎょうむ いらい
業務依頼

이메일 쓰기

帰社が6時を過ぎると思います。

회사 복귀가 6시를 넘길 것이라고 생각합니다.

학습 목표

 동료에게 메일이나 휴대전화 문자로 업무를 부탁할 수 있다.

| 주요 표현 |

帰社が6時を過ぎると思います。

取引先での会議が長引いてしまい、帰社が6時を過ぎると
思います。

部長には私から事情を連絡しておきます。

주요 어휘와 표현 🎧 Track 10-01

□ きしゃ	帰社	귀사, 회사로 돌아감
□ きかくしょ	企画書	기획서
□ ぶちょう	部長	부장
□ ぶか	部下	부하
□ だいり*	代理	대리
□ しゅにん*	主任	주임
□ ひらしゃいん*	平社員	평사원

★主任 주임 → 係長 계장 → 課長 과장 → 部長 부장

*: 관련 어휘

업무 의뢰

예문 확인

① 帰社 귀사　예 ストライキの影響で帰社が遅れます。
파업 영향으로 회사 복귀가 늦어집니다.

② 企画書 기획서　예 来月までに企画を立案し、企画書を提出してください。
다음 달까지 기획을 입안하고 기획서를 제출해 주세요.

③ 部長 부장　예 部長のご栄転を祝して、飲み会を開きましょう。
부장 영전을 축하하여 회식을 엽시다.

④ 部下 부하　예 部下にOJTで仕事を教えます。 부하에게 OJT로 일을 가르칩니다.

⑤ 代理 대리　예 会議に課長の代理として出席します。 회의에 과장 대리로서 출석합니다.

⑥ 主任 주임　예 決裁にはまず主任の押印が必要です。
결재에는 우선 주임의 날인이 필요합니다.

⑦ 平社員 평사원　예 私は一介の平社員に過ぎません。 나는 일개 평사원에 지나지 않습니다.

✓ 한자 쓰기 연습

帰社	企画書	部長	主任	平社員

word

ストライキ 스트라이크, 동맹파업　**栄転** 영전　**祝す** 축하하다　**飲み会** 회식
OJT on-the-job training, 실무를 담당하도록 하면서 교육 및 훈련하는 방법　**決裁** 결재　**一介** 일개, 한사람

업무 의뢰

1 帰社(きしゃ)が6時(ろくじ)を過(す)ぎると思(おも)います。 회사 복귀가 6시를 넘길 것이라고 생각합니다.

「~と思(おも)います」는 화자의 생각 · 계획 등을 나타낸다.

실전 예문

① その担当(たんとう)は木村(きむら)さんが適任(てきにん)だと思(おも)います。 그 담당은 기무라 씨가 적임이라고 생각합니다.
② 今月(こんげつ)は売上(うりあ)げ目標(もくひょう)を達成(たっせい)できると思(おも)います。 이번 달은 매출 목표를 달성할 수 있다고 생각합니다.
③ その企画書(きかくしょ)は渡辺(わたなべ)さんが書(か)いたと思(おも)います。 그 기획서는 와타나베 씨가 썼다고 생각합니다.
④ ○○社(しゃ)にはAプランを勧(すす)めようと思(おも)います。 ○○사에는 A플랜을 추천하려고 생각합니다.
⑤ これより会議(かいぎ)を始(はじ)めたいと思(おも)います。 이제부터 회의를 시작하고 싶습니다.

2 取引先(とりひきさき)での会議(かいぎ)が長引(ながび)いてしまい、帰社(きしゃ)が6時(ろくじ)を過(す)ぎると思(おも)います。
거래처에서 회의가 길어져 버려, 회사 복귀가 6시를 넘길 거라고 생각합니다.

「~てしまう」는 자신의 의도와 상관없이 어떤 일이 발생했을 경우에 사용한다. 비즈니스 업무에서 전화를 마칠 때 「長々(ながなが)と話(はな)してしまい、申(もう)し訳(わけ)ありませんでした」와 같이 통화가 길어져서 상대방의 시간을 방해했다는 의미로 사용한다.

실전 예문

⑥ 残念(ざんねん)ながら交渉(こうしょう)が決裂(けつれつ)してしまいました。 유감스럽지만, 교섭이 결렬되고 말았습니다.
⑦ すみません。間違(まちが)って電話(でんわ)をかけてしまいました。 죄송합니다. 실수로 전화를 걸어버렸습니다.
⑧ 不渡(ふわた)りを出(だ)してしまい、銀行(ぎんこう)の信用(しんよう)を失(うしな)いました。
부도를 내고 말아 은행의 신용을 잃었습니다.

⑨ 納品(のうひん)が遅(おく)れてしまい、誠(まこと)に申(もう)し訳(わけ)ありません。 납품이 늦어 버려, 정말로 죄송합니다.
⑩ お客様(きゃくさま)にはご迷惑(めいわく)をおかけしてしまい、お詫(わ)び申(もう)し上(あ)げます。
손님에게 폐를 끼치게 되어 사죄드립니다.

3 部長には私から事情を連絡しておきます。
부장님께는 제가 사정을 연락해 두겠습니다.

「~ておきます」는 '(미리) ~해 두겠다'라는 의미이다. 「予め報告しておきます」라고 하면 '미리 보고해 두겠다'라는 뜻이다.

실전 예문

⑪ 会議室にプレゼンの資料を準備しておきます。
회의실에 프레젠테이션 자료를 준비해 두겠습니다.

⑫ 来客に備えて、コーヒーやお茶を補充しておきます。
손님 방문을 대비하여 커피나 차를 보충해 두겠습니다.

⑬ 前もって取引先に会社訪問の連絡をしておきます。
미리 거래처에 회사를 방문한다고 연락을 해 두겠습니다.

⑭ 部長には私が話しておくので、吉田さんは取引先に向かってください。
부장님께 제가 말해 둘 테니까 요시다 씨는 거래처로 가 주세요.

⑮ 資料は準備しておいたので、あとはパソコンで入力してください。
자료는 준비를 해 두었으니까 다음은 컴퓨터로 입력해 주세요.

TIP!	외근할 때 귀가 시간 보고

외근 시에는 나가기 전 대략적인 귀사 시간을 알리는 것이 좋다. 만약 사정이 생겨 이 시간에 늦어지는 경우 회사에 연락하도록 한다. 자리를 비운 동안 업무 전화가 있었을 수도 있고, 회사로 복귀해야만 하는 용건이 생겼을 수도 있기 때문이다.

---

word

適任 적임　　長引く 길어지다　　決裂 결렬　　不渡りを出す 부도를 내다　　信用 신용　　事情 사정
~に備える ~에 대비하다　　補充する 보충하다　　前もって 미리, 사전에　　入力する 입력하다

● 이메일 문장 연습

---

1 ～に代わって

- 差し支えなければ、私に代わって、部下が伺ってもよろしいでしょうか。
  지장이 없으시면 제 대신 부하가 방문해도 되겠습니까?

- この度、山田課長に代わって、貴社を担当することになりました。
  이번에 야마다 과장을 대신하여 귀사를 담당하게 되었습니다.

「～に代わって」는 그 대상을 대신하여 다른 사람이 어떤 일을 하게 되는 경우 사용한다.
본인이 다른 사람을 대신하여 일을 맡을 경우에는 「私が代わって、ご用件をお伺いいたしましょうか」라고 한다.

실전 예문

① 来月より私に代わって新人がこの地区の営業を担当いたします。
   다음 달부터 저를 대신하여 신입이 이 지구의 영업을 담당해 드리겠습니다.

② この件は担当者に代わって専門の業者が担当します。
   이 건은 담당자를 대신하여 전문 업자가 담당합니다.

③ 社長に代わって部長の吉田が乾杯の音頭を取ります。
   사장님을 대신하여 요시다 부장님이 건배 선창을 하겠습니다.

④ 来月より鈴木に代わって私が担当を務めさせていただきます。
   다음 달부터 스즈키를 대신하여 제가 담당해 드리겠습니다.

⑤ この件については社長に代わって顧問弁護士が説明します。
   이 건에 대해서는 사장님을 대신하여 고문변호사가 설명하겠습니다.

2 ～と助かります

- 新しい取引先をご紹介していただけると助かります。
  새로운 거래처를 소개해 주시면 감사하겠습니다.

- 担当者に連絡を取っていただけると助かります。 담당자에게 연락을 해 주시면 감사하겠습니다.

「～と助かります」는 직역하면 '도움이 되겠다'라는 의미지만 '감사하다'라는 뜻으로도 사용한다.

실전 예문

⑥ もう少し早く納入していただけると助かります。
좀 더 빨리 납입해 주시면 감사하겠습니다.

⑦ 御社までの道のりを教えていただけると助かります。
귀사까지 가는 길을 가르쳐 주시면 감사하겠습니다.

⑧ 代金は口座振替で払っていただけると助かります。
대금은 계좌이체로 지불해 주시면 감사하겠습니다.

⑨ メールに参考資料を添付していただけると助かります。
메일로 참고자료를 첨부해 주시면 감사하겠습니다.

⑩ お名前には読み方を書いていただけると助かります。
성함에 읽는 방법을 써 주시면 감사하겠습니다.

word

地区 지구　業者 업자　乾杯 건배　務める 임하다. 하다　顧問弁護牛 고문변호사　道のり 도정. 여정
口座振替 계좌이체

• 실전 이메일　🎧 Track 10-02

실전 예문　동료에게 회사 복귀 시간 보고 및 업무 부탁을 하고 있다.

お疲れ様です。朴です。

取引先での会議が長引いてしまい、帰社が6時を過ぎると思います。

申し訳ないですが、私にかわって部長に企画書を提出していただけると助かり

ます。

企画書は私のデスクの上にあります。

部長には私から事情を連絡しておきます。

よろしくお願いします。

word

提出 제출

▶ 다음 (　　　)에 적당한 표현을 넣어 비즈니스 메일을 작성하세요.

메일 작성1

お疲れ様です。朴です。

出張先での工場の見学が長引いて(1.　　　　　　　)、もう一日滞在すると思います。

申し訳ないですが、私に代わって、部長に企画書を提出していただけると(2.　　　　　　　)。

업무 의뢰

메일 작성2

お疲れ様です。李です。

取引先で鈴木さんがトラブルを起して(1.　　　　　　　)、交渉が難航すると思います。

今後、この案件は鈴木さんに(2.　　　　　　　)、吉田さんが担当していただけると(3.　　　　　　　)。

この事は私から部長にも連絡して(4.　　　　　　　)。よろしくお願いします。

word

出張先 출장지　　見学 견학　　滞在する 체재하다　　難航する 난항하다　　案件 안건

▶ 앞에 나온 '실전 이메일'의 문장을 그대로 써 보세요. 그리고 모든 한자에는 예와 같이 위에 후리가 나를 쓰세요.

예

	しゃ かいはつぶ すずき	おく

モモ社　開発部の鈴木　はじめてメールを送らせていただきます。

비즈니스 업무에서 엑셀 파일을 이용하는 경우 일본어판의 메뉴명을 알아둘 필요가 있습니다.

제품 가이드는 아래 페이지에서 확인할 수 있으며, 언어를 '日本語'로 선택 후 다운로드 받으시기 바랍니다. (제시화면도 여기에서 인용함)

https://www.microsoft.com/ja-jp/download/details.aspx?id=5829

* 한국어판의 다음 메뉴가 일본어로 어떻게 구현될지 생각해본 후 아래 메뉴 그림을 보세요.

• 삽입 • 데이터 • 검토 • 보기 • 붙여넣기 • 텍스트 줄바꿈 • 병합하고 가운데 맞춤

왼쪽부터 순서대로, 다음과 같습니다. 다른 메뉴도 위 그림에서 확인해보세요.

• 挿入（そうにゅう） • データ • 校閲（こうえつ） • 表示（ひょうじ） • 貼り付け（はりつけ） • 折り返して全体を表示する（おりかえしてぜんたいをひょうじする）
• セルを結合して中央揃え（けつごうしてちゅうおうそろえ）

* 한국어판의 다음 메뉴도 일본어로 생각해보세요.

• 표 서식 • 셀 • 삭제 • 정렬 및 필터 • 찾기 및 선택

왼쪽부터 순서대로 다음과 같습니다. 다른 메뉴도 위 그림에서 확인해보세요.

• テーブルとして書式設定（しょしきせってい） • セル • 削除（さくじょ） • 並べ替えとフィルター（ならかえ） • 検索と選択（けんさくとせんたく）

* 다음은 엑셀뿐 아니라 모든 프로그램에서 사용하게 되는 메뉴입니다.

저장	다른 이름으로 저장	열기	닫기	용지방향	인쇄영역
上書き保存（うわがきほぞん）	名前を付けて保存（なまえつけてほぞん）	開く（ひらく）	閉じる（とじる）	印刷の向き（いんさつむき）	印刷範囲（いんさつはんい）

새로 만들기	단	탭	툴바	초안	페이지 너비	새창
新規作成（しんきさくせい）	段組み（だんくみ）	タブ	ツールバー	下書き（したがき）	ページ幅（はば）	新しいウィンドウ（あたらしいウィンドウ）

Part 6

<ruby>業<rt>ぎょう</rt>務<rt>む</rt>報<rt>ほう</rt>告<rt>こく</rt></ruby>

업무 보고

第11課

ぎょう む ほう こく
業務報告

실전 회화

こん げつ　　　もくひょう　　たっせい
今月の目標は達成できそうね。

이번 달의 목표는 달성할 것 같네.

학습 목표

실전 회화 상사에게 업무 보고를 할 수 있다.

| 주요 표현 |

せんしゅう　　　　ひと　　かいしゃ　けいやく　か
先週までに一つの会社と契約を交わすことができました。

こん げつ　　　もくひょう　　たっせい
今月の目標は達成できそうね。

おお　　　　　　　わたし　れんらく
トラブルが起きたら、すぐ私に連絡して。

주요 어휘와 표현　🎧 Track 11-01

□ しんき	新規	신규
□ けいやく	契約	계약
□ ～けん	件	～건
□ もくひょう	目標	목표
□ たっせい	達成	달성
□ だいきん*	代金	대금
□ けっさい*	決済	결제

*: 관련 어휘

업무 보고

예문 확인

❶ 新規 신규

예 こちらで**新規**加入の手続きをお願いします。
이쪽에서 신규가입 수속을 부탁드립니다.

❷ 契約 계약

예 **契約**の内容を遵守してください。 계약 내용을 엄수해 주세요.

❸ ～件 ~건

예 先日お伝えした**件**、どうなりましたでしょうか。
지난 번 전달 드린 건은, 어떻게 되었는지요?

❹ 目標 목표

예 社会貢献が我が社の**目標**の一つです。
사회 공헌이 우리 회사의 목표 중 하나입니다.

❺ 達成 달성

예 売り上げが目標を**達成**しました。 매상이 목표를 달성했습니다.

❻ 代金 대금

예 **代金**のお支払は口座振り込みでお願いいたします。
대금 지불은 계좌 입금으로 부탁드립니다.

❼ 決済 결제

예 **決済**にはクレジットカードのご利用がお得です。
결제에는 신용카드 이용이 이득입니다.

한자 쓰기 연습

新規	契約	目標	代金	決済

word

手続き 수속　　**遵守** 준수　　**社会貢献** 사회공헌　　**我が社** 우리 회사　　**口座振り込み** 계좌 입금

クレジットカード 신용카드　　**お得** 이득

업무 보고

1 先週までに一つの会社と契約を交わすことができました。
지난 주까지 한 회사와 계약을 할 수 있었습니다.

「までに」는 기한·마감을 나타낼 때 사용된다. 「明日までに報告書を出してください(내일까지 보고서를 제출해 주세요)」와 같이 마감일이 있는 경우 사용된다. 한편 「～まで」는 「…から～まで」와 같이 쓰이며 기간·범위를 나타낸다.

실전 예문

① 今月末までに契約を一つ取ってきなさい。 이번 달 말까지 계약을 하나 체결해 오세요.

② 来週の水曜日までにご返答をお願いします。 다음 주 수요일까지 답변을 부탁드립니다.

③ 14時までに会議室に資料を準備してください。 14시까지 회의실에 자료를 준비해 주세요.

④ お昼までには仕事が片付くと思います。 점심때까지는 일이 정리될 거라고 생각합니다.

⑤ 期限までに書類をそろえて申請しなければなりません。
기한까지 서류를 준비해서 신청하지 않으면 안 됩니다.

2 今月の目標は達成できそうね。 이번 달 목표는 달성할 것 같네.

「동사(ます형)＋そう(だ)」는 추측 표현이다. 「でき(ます형)＋そう」가 사용되어 '할 수 있을 것 같다'는 의미를 나타낸다.

• 추측의 そう(だ)

	동사	イ형용사	ナ형용사	명사
そうだ(추측)	동사(ます형)＋そうだ	－イ＋そうだ	－だ＋そうだ	×
예	行きそう(だ)	おいしそう(だ)	まじめそう(だ)	×

실전 예문

⑥ 昨年より今年は売り上げが伸そうです。 작년보다 올해는 매상이 늘어날 것 같습니다.

⑦ このままでは会社が倒産しそうです。どうか融資にご協力ください。

이대로는 회사가 도산할 것 같습니다. 아무쪼록 융자에 협력해 주십시오.

⑧ そのプロジェクト、大変面白そうですね。弊社もぜひ協力します。

이 프로젝트, 매우 재미있을 것 같네요. 저희 회사도 꼭 협력하겠습니다.

⑨ アメリカの景気は良さそうです。日本にも良い影響があるでしょう。

미국 경기는 좋은 것 같습니다. 일본에도 좋은 영향이 있겠지요.

⑩ 御社が作られた製品は大変丈夫そうですね。 귀사가 만든 제품은 매우 튼튼한 것 같군요.

---

3 **トラブルが起きたら、すぐ私に連絡して。** 트러블이 발생하면 바로 나에게 연락해.

「～たら」는 조건 표현으로서 일시적인 상황에서 「Aたら, B(A거든, B)」의 성립관계를 나타낸다. 「～たら」는 뒤에 오는 「～てください/だろう/よう」 등의 표현과 사용할 수 있다. 「もしものことがあったら、連絡して」와 같이 표현한다. 비즈니스 회화에서는 「その件でしたら、ご心配なさらないでください」와 같이 「～でしたら」가 사용된다.

실전 예문

⑪ 吉田くん、その仕事が終わったら、次はあれをして。

요시다 군, 그 일이 끝나거든 다음은 저 일을 해.

⑫ 準備ができたら、すぐプレゼンを始めましょう。

준비가 되었으면 바로 프레젠테이션을 시작합시다.

⑬ 担当者がすぐ参りますので、到着したら詳しい事情をお話しください。

담당자가 바로 갈 테니까, 도착하거든 자세한 사정을 말씀해 주십시오.

⑭ このメッセージを読まれましたら、ご返事ください。

이 메시지를 읽으시거든 답장 주십시오.

⑮ その件でしたら、営業部の鈴木さんが詳しいと思います。

그 건이라면 영업부 스즈키 씨가 잘 알고 있다고 생각합니다.

---

word

(契約を)取る 계약을 따다. 체결하다	**仕事が片付く** 일이 정리되다	**書類** 서류	**倒産** 도산	**融資** 융자
協力する 협력하다	**景気** 경기	**メッセージ** 메시지		

실전 회화

업무 보고

회화 문장 연습

1 ～見込みです

A 新商品の売上はどうなってるの？ 신제품의 매상은 어떻게 되고 있지?

B どんどん伸びてきており、６０％に達する見込みです。

착착 늘어나서 60%에 도달할 전망입니다.

「동사 사전형＋見込みです」는 앞으로의 전망・예상을 나타낸다.

실전 예문

① 商品は明日の朝、到着する見込みです。 상품은 다음날 아침 도착할 예정입니다.

② 来年度、弊社では６０名の社員を採用する見込みです。

내년도 저희 회사에서는 60명의 사원을 채용할 전망입니다.

③ 積雪により納入が遅れる見込みです。 적설로 인해 납입이 늦어질 전망입니다.

④ 今月は売り上げが先月よりも１０％下回る見込みです。

이번 달은 매상이 지난달보다 10% 하회할 전망입니다.

TIP! ほう・れん・そう

비즈니스에서는 「報告(보고)」, 「連絡(연락)」, 「相談(상담)」 이 세가지가 중요하다. 줄여서 「ほう・

れん・そう」라고 한다. 일본 회사내에서는 혼자 결정하는 것이 아니라 상사나 선배 동료에게 보고・

연락・상담을 통해 해결하는 것이 바람직하다. 다만, 이렇게 보고・연락・상담하는 경우도 상대의 사

정을 배려하여 적절한 시간에 하도록 해야 한다.

2 承知(しょうち)しました

A 金君(キムくん)、来週(らいしゅう)までに企画案(きかくあん)を出(だ)してください。 김○○ 군, 다음 주까지 기획안을 제출해 주세요.

B 承知(しょうち)しました。 알겠습니다.

「承知(しょうち)しました」는 상사의 지시나 명령에 대답하는 경우에 사용한다. 「かしこまりました」와 같은 의미이다.

실전 예문

⑤ 期限(きげん)は来週(らいしゅう)の水曜日(すいようび)までですね。承知(しょうち)しました。
기한은 다음 주 수요일까지지요? 알겠습니다.

⑥ 承知(しょうち)しました。それでは、さっそく準備(じゅんび)に取(と)り掛(か)かります。
알겠습니다. 그럼 즉시 준비에 들어가겠습니다.

⑦ Bプランをご希望(きぼう)ですね。承知(しょうち)しました。 B플랜을 희망하시는군요. 알겠습니다.

⑧ 会議(かいぎ)は明日(あす)に延期(えんき)ですね。承知(しょうち)しました。会議(かいぎ)のメンバーに伝(つた)えます。
회의는 내일로 연기네요. 알겠습니다. 회의 멤버에게 전하겠습니다.

⑨ お届(とど)け先(さき)は3階(さんがい)のオフィスですね。承知(しょうち)しました。さっそくお届(とど)けに参(まい)ります。
배송지는 3층 오피스군요. 알겠습니다. 즉시 보내도록 하겠습니다.

---

word

採用(さいよう) 채용   **積雪(せきせつ)** 적설   **下回(したまわ)る** 하회하다, 밑돌다   **取(と)り掛(か)る** 임하다. 착수하다   **メンバー** 멤버

お届(とど)け先(さき) 보낼 곳, 배달처   **オフィス** 오피스

실전 예문 │ 사내에서 상사에게 업무 보고를 하고 있다.

업무 보고

山本(やまもと) 朴(パク)さん、この前会議(まえかいぎ)で話(はな)した新規取引先開拓(しんきとりひきさきかいたく)の件(けん)、どうなってる？

朴(パク) その件(けん)でしたら、先週(せんしゅう)までに一(ひと)つの会社(かいしゃ)と契約(けいやく)を交(か)わすことができ

ました。

山本(やまもと) そう。それは良(よ)かったわね。

朴(パク) それからモモ社(しゃ)の木村部長(きむらぶちょう)にも新(しん)プランを喜(よろこ)んでいただけました。

たぶん契約(けいやく)が取(と)れる見込(みこ)みです。

山本(やまもと) それじゃ、今月(こんげつ)の目標(もくひょう)は達成(たっせい)できそうね。

朴(パク) はい、大丈夫(だいじょうぶ)だと思(おも)います。

山本(やまもと) でも、油断(ゆだん)しないでトラブルが起(お)きたら、すぐ私(わたし)に連絡(れんらく)して。

朴(パク) はい、承知(しょうち)しました。

word

開拓(かいたく) 개척   **油断する**(ゆだん) 방심하다

▶ 다음 비즈니스 회화문의 (   )에 적당한 표현을 넣어서 연습하세요.

회화 연습1

A 昨日大手企業と契約を(1.   )ことができました。

B そう。それは良かったわね。

A それから□□社の木村部長にも新プランを喜んでいただけました。
たぶん契約を取れる(2.   )です。

회화 연습2

A 部長、○○社との契約はうまく行き(1.   )。

B そう、それは良かったわね。
来週(2.   )契約書を交わすことはできる？

A はい、大丈夫だと思います。

B 契約を交わす(3.   )油断しないで、トラブルが起きたら、
すぐ報告して。

A はい、(4.   )しました。

▶A, B에 쓰여 있는 역할에 맞게 업무 보고를 해 보세요.

업무 보고

A ○○社　上司

あなたは○○社の営業部長です。部下に今週の取引の状況を報告するように言いましょう。報告の内容はよくありません。何が問題なのか部下に尋ねましょう。そして、来週までに必ず契約を取るように言いましょう。

A : ○○사 상사
당신은 ○○사의 영업부장입니다. 부하에게 이번 주 거래 상황을 보고하도록 하세요. 보고 내용은 좋지 않습니다. 무엇이 문제인지 부하에게 물어봅시다. 그리고 다음 주까지는 반드시 계약을 체결하라고 말하세요.

B ○○社　部下

あなたは○○社の営業部で働いています。部長に今週の取引の状況について報告しましょう。取引成立の状況はよくありません。取引先が希望する納期日に商品を納入することができないため、取引が成立しません。これを部長に報告して、指示を受けましょう。

B : ○○사 부하
당신은 ○○사의 영업부에서 일하고 있습니다. 부장님께 이번 주 거래 상황에 관해서 보고 합시다. 거래 성립 상황은 좋지 않습니다. 거래처가 희망하는 납기일에 상품을 납입할 수 없기 때문에 거래가 성립되지 않습니다. 이를 부장님께 보고하고 지시를 받으세요.

---

word

成立 성립

A ○○社　上司
➜

B ○○社　部下
➜

第12課

ぎょう む ほう こく
業務報告

이메일 쓰기

モモ社との契約交渉について
ご報告いたします。

모모사와의 계약교섭에 관해 보고드리겠습니다.

학습 목표

이메일 쓰기 이메일로 업무 보고를 할 수 있다.

| 주요 표현 |

○○社との契約交渉についてご報告いたします。

私の一存では決めかねるので、その場での回答は控えました。

주요 어휘와 표현

□ こうしょう	交渉	교섭
□ ほうこく	報告	보고
□ とうしゃ	当社	당사, 자기 회사
□ せいひん	製品	제품
□ たんか	単価	단가
□ ねびき	値引き	할인 ★値上げ 가격 인상, 値下げ 가격 인하
□ おおてきぎょう	大手企業	대기업 ★中小企業 중소기업

예문 확인

1 交渉 교섭　㉾ A社との**交渉**は難航しました。 A사와의 교섭은 난항했습니다.

2 報告 보고　㉾ ブリーフィングで市場調査の結果**報告**します。
브리핑에서 시장 조사 결과를 보고 하겠습니다.

3 当社 저희 회사　㉾ この件に関して**当社**は責任を負いません。
이 건에 관해서 저희 회사는 책임지지 않습니다.

4 製品 제품　㉾ この**製品**には保証書が同梱されています。
이 제품에는 보증서가 동봉되어 있습니다.

5 単価 단가　㉾ 商品一つ当りの**単価**を設定します。 상품 1개 당 단가를 설정합니다.

6 値引き 가격 인하　㉾ 恐れ入りますが、**値引き**には応じられません。
죄송하지만, 가격을 인하할 수는 없습니다.

7 大手企業 대기업　㉾ 中小企業は**大手企業**に対して太刀打ちできません。
중소기업은 대기업을 상대로 겨룰 수 없습니다.

✓ 한자 쓰기 연습

交渉	報告	当社	製品	単価

word

責任を負う 책임을 지다　**保証書** 보증서　**同梱** 동봉　~**当り** ~당　~**応じる** 응하다
太刀打ち 겨루기, 대결

• 문법과 문형

1 ○○社との契約交渉についてご報告いたします。
○○사와의 계약 교섭에 대해서 보고 드리겠습니다.

「〜について」는 보고 드리는 내용 · 주제를 나타낸다. 「ご提案について、ご意見はございませんか (제안에 대해서 의견 없습니까?)」와 같이 표현할 수 있다.

실전 예문

① この件について何か質問はありますか。 이 건에 대해서 뭔가 질문이 있습니까?

② 今日は今後の営業戦略について話し合おうと思います。
오늘은 앞으로의 영업 전략에 대해서 이야기를 나누려고 합니다.

③ 弊社製品の不便な点についてご意見をお聞かせください。
저희 회사 제품의 불편한 점에 대해서 의견을 들려주십시오.

④ 本日の議題は「車の自動運転と安全性」についてです。
오늘의 의제는 '차의 자동운전과 안전성'에 대해서입니다.

⑤ ご質問の内容は弊社の顧客管理についてですか。
질문의 내용은 저희 회사의 고객 관리에 대해서입니까?

TIP! 교섭 방식

교섭에 있어서 중요한 것은 신뢰관계이다. 손님이나 거래처를 배려하며 예의바르게 상대해야 한다.

우선 '관심 끌기 → 필요성을 명확히 하기 → 최적의 제안하기 → 의문 · 불안을 해소시키기 → 제안을 실행'과 같은 방식으로 교섭하는 것이 기본이다.

혹시 교섭이 성사되지 않더라도 불쾌해 해서는 안 된다. 오히려 상대의 기대에 부응하지 못하는 점을 사과해야 한다. 교섭이 결렬되었어도 다음에 또 기회가 있다는 여운을 남겨둘 필요가 있다. 그래야 다음 비즈니스로 이어질 수 있다.

업무 보고

2 私の一存では決めかねるので、その場での回答は控えました。
제 판단으로는 결정하기 어렵기 때문에 그 자리에서 답변은 하지 않았습니다.

「～かねる」는 '～하기 어렵다'라는 부정적인 표현이다. 「～かねない」는 '～하기 쉽다, ～할 우려가 있다'라는 의미다. 「一人で判断してしまうとトラブルが起こりかねない(혼자서 판단해 버리면 트러블이 발생하기 쉽다/발생할 우려가 있다)」와 같이 사용된다.

실전 예문

⑥ これは私の一存では決めかねます。 이것은 제 판단으로는 결정하기 어렵습니다.

⑦ 恐れ入りますが、その件は弊社では対応しかねます。
죄송하지만, 그 건은 저희 회사에서는 대응하기 어렵습니다.

⑧ ハッキング対策をしなければ情報流出事故が起りかねません。
해킹 대책을 하지 않으면 정보 유출 사고가 발생하기 쉽습니다.

⑨ 誠実な答弁をしなければ株主から批判が来かねません。
성실한 답변을 하지 않으면 주주로부터 비판이 올 우려가 있습니다.

⑩ 来場者がけがをしかねないので、会場整理を行います。
내방자가 다칠 우려가 있기 때문에 회장 정리를 하겠습니다.

word

営業戦略 영업전략　**話し合う** 이야기 나누다. 의논하다　**自動運転** 자동운전　**安全性** 안전성
顧客管理 고객 관리　**一存** 일개 의견　**対応する** 대응하다　**ハッキング** 해킹　**情報流出** 정보유출
答弁 답변　**会場整理** 회장 정리

• 이메일 문장 연습

① ご＋한자어＋いたします

• こちらの事情をご説明いたします。 이쪽 사정을 설명드리겠습니다.

• ホテルをご予約いたします。 호텔을 예약해 드리겠습니다.

「ご＋한자어＋いたします」는 「ご＋한자어＋します」보다 경도가 높은 겸양표현이다.

실전 예문

① お客様を会場までご案内いたします。 손님을 회장까지 안내해 드리겠습니다.

② 後ほどメールにて詳しい日程をご連絡いたします。
나중에 메일로 자세한 일정을 연락드리겠습니다.

③ 弊社も喜んでご協力いたします。 저희 회사도 기꺼이 협력해 드리겠습니다.

④ 御社のプロジェクトには当行がご融資いたします。
귀사의 프로젝트는 저희 은행이 융자해 드리겠습니다.

⑤ 弊社が責任をもってお客様に合った保険をご提案いたします。
저희 회사가 책임을 가지고 손님에게 맞는 보험을 제안해 드리겠습니다.

업무 보고

② 私の一存では

• 申し訳ございませんが、私の一存では値上げは決められません。

죄송하지만 제 판단으로 가격 인상은 정할 수 없습니다.

• 恐縮ですが、私の一存ではお答えできません。 죄송하지만 제 판단으로 답변 드릴 수 없습니다.

「私の一存では」는 자신의 생각이나 판단을 공손하게 표현한 것이다.

실전 예문

⑥ 私の一存では何ともお答えできません。 제 판단으로는 뭐라 답변드릴 수 없습니다.

⑦ 恐縮ですが、私の一存では決めかねます。 죄송하지만, 제 판단으로 결정하기 어렵습니다.

⑧ 私の一存では対応しかねる案件です。 제 판단으로 대응하기 어려운 안건입니다.

⑨ 私の一存ではどうにもならないのです。 제 판단으로 어떻게 할 수 없는 일입니다.

⑩ 恐れ入りますが、これは私の一存では何ともならない問題でして…。

죄송하지만, 이것은 제 판단으로는 어떻게 할 수 없는 문제여서….

TIP! 주요 비즈니스 용어

• アジェンダ(agenda) : 회의에서 해야 할 일을 사전에 정리한 것.

• オブザーバー(observer) : 회의 등에 참가하여 발언은 하지만 의결권이 없는 사람.

• カンファレンス(conference) : 회의·협의, 몇 명 정도의 규모부터 수 백명 정도 규모의 것을 가리킴.

---

word

日程 일정   保険 보험   提案 제안   値上げ 가격인상

실전 이메일

🎧 Track 12-02

실전 예문　메일로 상사에게 거래처와의 계약 교섭에 대해 보고하고 있다.

To. 営業部山本部長

お疲れ様です。李です。

本日のモモ社との契約交渉についてご報告いたします。

モモ社の佐藤部長には当社の製品に良い印象を持っていただけました。

ただ、「単価がちょっと高い。値引きはできないか」とのことです。

私の一存では決めかねるので、その場での回答は控えました。

明日のミーティングでご指示くだされば再度モモ社に参って契約を進めます。

以上、ご報告いたします。

---

word

印象 인상　　**再度** 재차, 다시

이메일 쓰기

종합 연습

▶ 다음 (　　　)에 적당한 표현을 넣어 비즈니스 메일을 작성하세요.

메일
작성1

佐藤部長には当社のコスメに良い印象を持って(1.　　　　　　　　)。

ただ、「単価がちょっと高い。値引きはできないか」(2.　　　　　　　　)です。

私の(3.　　　　　　　　)では決めかねるので、部長にご相談したいと思います。

메일
작성2

お疲れ様です。本日の○○社との価格交渉に(1.　　　　　　　　)、ご報告

(2.　　　　　　　　)。

○○社の木村部長は、当社の提案に難色を示されました。

もう少し、価格を安くしてほしいとのことです。

私の一存では決め(3.　　　　　　　　)ので、明日の会議でご指示をお願いした

いと(4.　　　　　　　　)。

---

word

コスメ 코스메틱, 화장품(「コスメチック」의 줄임말)　　**難色を示す** 난색을 표하다, 곤란해 하다

이메일 쓰기

• 메일 쓰기 연습

▶ 앞에 나온 '실전 이메일'의 문장을 그대로 써 보세요. 그리고 모든 한자에는 예와 같이 위에 후리가 나를 쓰세요.

しゃ かいはつぶ すずき	おく

モモ社　開発部の鈴木　はじめてメールを送らせていただきます。

파워포인트(ppt) 메뉴바 •

비즈니스 업무에서 파워포인트의 프리젠테이션 파일을 이용하는 경우 일본어판의 메뉴명을 알아둘 필요가 있습니다.

＊제품 가이드는 아래 페이지에서 확인할 수 있으며, 제시화면도 여기에서 인용함.

https://www.microsoft.com/ja-jp/download/details.aspx?id=5829

업무 보고

＊한국어판의 다음 메뉴가 일본어로 어떻게 구현될지 생각해본 후 아래 메뉴 그림을 보세요.

・디자인 ・전환 ・슬라이드 쇼 ・새 슬라이드 ・다시 설정 ・구역 ・글꼴

왼쪽부터 순서대로, 다음과 같습니다. 다른 메뉴도 위 그림에서 확인해보세요.

・デザイン ・画面の切り替え ・スライドショー ・新しいスライド ・リセット ・セクション ・フォント

＊한국어판의 다음 메뉴도 일본어로 생각해 보세요.

・정렬 ・빠른 스타일 ・도형 채우기 ・도형 윤곽선 ・바꾸기

왼쪽부터 순서대로 다음과 같습니다. 다른 메뉴도 위 그림에서 확인해보세요.

・配置 ・クイックスタイル ・図形の塗りつぶし ・図形の枠線 ・置換

＊한국어판의 다음 메뉴도 일본어로 생각해보세요.

・미리 보기 ・나타내기 ・밝기 변화 ・날아오기 ・올라오기

왼쪽부터 순서대로 다음과 같습니다. 다른 메뉴도 위 그림에서 확인해보세요.

・プレビュー ・アピール ・フェード ・スライドイン ・フロートイン

부록

비즈니스 일본어 문형 모음과 비즈니스 Tip

Ⅰ. 비즈니스 일본어 경어 표현

❀ 경어의 종류

경어(敬語)는 자신과 상대와의 관계를 표현하는 것으로 높임, 낮춤, 정중, 공손, 미화를 나타낸다.
일반적으로 경어는 다음의 5종류가 있다.

경어의 5종류	기능
존경어	(상대를) 높이다. ▶ いらっしゃる・おっしゃる・くださる・なさる 等
겸양어Ⅰ	상대를 높이려고, 자신의 행위를 낮추어 말하다. ▶ 伺う・申し上げる・差し上げる・お目に掛かる 等
겸양어Ⅱ	자신의 행위를 상대에게 정중하게 말하다. ▶ 参る・申す・いたす・おる 等
공손어	(상대에게) 공손히 하다. ▶ です・ます
미화어	사물을 미화해서 말하다. ▶ お茶・お酒・お料理 等

※ 겸양어Ⅰ은 상대가 있어서 높이는 것이고, 겸양어Ⅱ는 상대의 유무에 관계없이 청자에게 공손히 표현할 때 사용한다.
따라서 겸양어Ⅱ는 ます형으로 사용된다.

❀ 존경어(尊敬語)

			존경어	보통어	번호	페이지
동사	일반형	형식동사	お[ご]~になる		1	146
			お[ご]~くださる		2	146
		보조동사	~てくださる	~てくれる	3	147
		조동사	~(ら)れる		4	147
	변칙형		ご覧になる	見る	5	148
			おいでになる	行く・来る・いる	6	148
			お見えになる	来る	7	148
			ご存じだ	知っている	8	149

동사	특정형		なさる	する	9	149
			くださる	くれる	10	150
			いらっしゃる	行く·来る·いる	11	150
			おっしゃる	言う	12	151
			召し上がる	食べる·飲む	13	151
형용사 (い형용사)	접두어		お[ご]~		14	151
형용동사 (な형용사)	접두어		お[ご]~		15	152
명사	접두어		お~, ご~, 貴~			152
	접미어		~さん, ~さま, 御中		16	152
	명사+だ		명사+でいらっしゃる	명사+だ(~である)		152

✿ 겸양어(謙譲語) Ⅰ

			겸양어 Ⅰ	보통어	번호	페이지
동사	일반형	형식 동사	お[ご]~する		17	152
			お[ご]~申し上げる		18	153
			お[ご]~いただく		19	153
			お[ご]~願う		20	154
		보조 동사	~て[で]いただく *~(さ)せていただく		21	155
	특정형		あげる	やる	22	156
			差し上げる	やる	23	156
			申し上げる	言う	24	156
			うかがう	行く·聞く·たずねる	25	157
			いただく	もらう·食べる·飲む	26	157
			頂戴する	もらう·食べる·飲む	27	157

동사	특정형		拝見する	見る	28	158
			お目にかかる, お会いする	会う	29	158
명사			お[ご]명사, 拝~		30	158

❀ 겸양어(謙讓語) Ⅱ

			겸양어 Ⅱ	보통어	번호	페이지
동사	일반형	형식동사	~いたします		31	159
			お[ご]~いたします		32	159
		보조동사	~ておる	~ている	33	160
			~てまいる	~ていく, ~てくる	34	160
	특정형		おる	いる	35	160
			申す	言う	36	161
			いたす	する	37	161
			参る	行く·来る	38	161
			存じる	知る·思う	39	162
명사		접사	弊~		40	162

❀ 공손어(丁寧語)

	공손어	보통어	번호	페이지
공손어	~です		41	162
	~ます			162
	~でございます	~である(~であります, ~です)	42	163

❀ 미화어(美化語)

미화어	번호	페이지
お~	43	163
ご~		163

💮 경의 표현(敬意表現)

경의표현	번호	페이지
(1) ありがとうございます。 (2) よろしくお願いします。		164
(3) お疲れ様(です)。 (4) 初めてお目にかかります。 (5) お世話になっております。 (6) ご無沙汰いたしております。		165
(7) お待たせしました。 (8) かしこまりました。 (9) 恐れ入ります。 (10) 恐れ入りますが。		166
(11) おかげさまで。 (12) おかげで。 (13) とんでもないです。	44	167
(14) すみません(が)～(し)ていただけませんか。 (15) よろしければ。 (16) 差し支えなければ。 (17) せっかくですが / せっかくのお(ご)○○ですが。		168
(18) あいにくですが。 (19) 失礼ですが。 (20) 申し上げにくいのですが。		169
(21) お言葉に甘えて。 (22) 遠慮なく。 (23) ご遠慮なさらずに。		170
(24) お手数ですが。 (25) さっそくですが。		171

1. お[ご]~になる

「お[ご]~になる」는 동사의 존경어를 만드는 형식이다.

① 「お~になる」의 ~에는 「동사의 ます형」을 사용한다.

　예　• 使う → お使いになる　　　• 読む → お読みになる　　　• 書く → お書きになる

② 「ご~になる」의 ~에는 「한자어 する동사」의 한자어를 사용한다.

　예　• 参加する → ご参加になる　　　• 利用する → ご利用になる

　• 監視カメラをお変えになるご計画はありませんか。 감시 카메라를 바꾸실 계획은 없으십니까?

　• 毎朝、社長は数種類の新聞をお読みになります。 매일 아침, 사장님은 여러 종류의 신문을 읽으십니다.

　• それについては会議で課長がご説明になりました。 그것에 관해서는 회의에서 과장님이 설명하셨습니다.

　• お客様、会員割引が可能ですが、ご利用になりますか。 손님, 회원 할인이 가능합니다만, 이용하시겠습니까?

※ 일반적으로 「お[ご]~になる」 형식은 존경어가 따로 있는 동사에는 사용하지 않는다.

　예　• 食べる-お食べになる(△)　　　• 行く-お行きになる(×)　　　• 来る-お来になる(×)

2. お[ご]~くださる

「お[ご]~くださる(~해 주시다)」는 동사의 존경어를 만드는 형식으로 「~してくれる(~해 주다)」 의미이다.

① 「お~くださる」의 ~에는 「동사의 ます형」을 사용한다.

　예　• 知らせる → お知らせくださる　　　• 待つ → お待ちくださる

② 「ご~くださる」의 ~에는 「한자어 する동사」의 한자어를 사용한다.

　예　• 査収する → ご査収くださる　　　• 説明する → ご説明くださる

※ 존경을 나타내는 「ご(한자어)ください」는 종종 「ご(한자어)してください」로 잘못 사용되므로 주의한다.

　예　설명해 주세요 : ご説明してください(×), ご説明ください(○), 説明してください(○)

　이는 「ご(説明)する(자신이 (설명)하다)」가 겸양표현이기 때문이다.

　• つきましては設置工事の詳細をお知らせください。 그럼, 설치공사의 상세사항을 알려주세요.

- ご査収ください。확인해 주세요.

- 明日のミーティングでご指示くだされば、再度○○社に参って契約を進めます。

  내일 미팅에서 지시해 주시면 다시 한번 ○○사에 가서 계약을 진행하도록 하겠습니다.

3. ～てくださる

「～てくださる」는 동사의 존경어를 만드는 형식이다.

① 「～てくださる」의 ～에는 「동사 て형」을 사용한다.

  예 ・励む → 励んでくださる　　　・する → してくださる　　　・待つ → 待ってくださる

② 「한자어 する 동사 て형」을 사용한다.

  예 ・電話する → 電話してくださる　　　・紹介する → 紹介してくださる

※ 「～てくださる」는 「～てください」 형태로 많이 사용한다. 「～てください」는 대화에서 사내의 동료나 친한 거래처 사람에게는 사용해도 되지만, 윗사람이나 친하지 않은 사람에게는 명령조라 실례가 되기 쉽다. 불특정 다수인에게 뭔가를 전할 때(설명서, 안내문 등) 많이 사용한다.

- 現在、進めている契約は来週末までに締結できるように各位励んでください。

  현재, 진행하고 있는 계약은 다음 주 말까지 체결할 수 있도록 모두 힘써 주세요.

- メンバー各位、必ず参加するようにしてください。 멤버 모두 반드시 참가하도록 하세요.

- 会社に戻り次第、金河映さんに電話してください。 회사에 돌아가는 대로 김하영 씨에게 전화해 주세요.

4. ～(ら)れる

「～(ら)れる」는 동사의 존경어를 만드는 형식이다. 5단동사에는 「～れる」, 1단동사에는 「～られる」가 이어진다.

  예 ・行く → 行かれる　　・起きる → 起きられる　　・する → される　　・来る → 来られる

※ 「～(ら)れる」는 경어 중에서 가장 경도(敬度 : 경의 정도)가 낮다.

- 渡辺さん、給湯室に行かれますか。申し訳ないですが、ちょっとお願いがあるんです。

  와타나베 씨, 차 준비실에 가십니까? 죄송합니다만, 좀 부탁이 있습니다.

- 先生はもう帰られました。선생님은 이미 귀가하셨습니다.

- 初めて申請をされる方。처음 신청 하시는 분.

5. ご覧になる

「ご覧になる(보시다)」는 「見る(보다)」의 존경어이다. 「ご覧のように(보시다시피)」, 「ご覧のとおり(보시다시피)」, 「ご覧ください(봐 주세요)」, 「ご覧なさい(보세요)」 형태로도 사용한다.

- メールをご覧になりましたか。메일을 보셨습니까?

- ご覧のように桜はとてもきれいです。보시는 바와 같이 벚꽃은 매우 아름답습니다.

- こちらをご覧ください。이쪽을 봐 주세요.

6. おいでになる

「おいでになる」는 「行く・来る・いる」의 존경어이다. 「おいでくださる(おいでください)」, 「おいでです」 형태로 많이 사용한다.

- 日本から田中さんがおいでになりました。일본에서 다나카 씨가 오셨습니다.

- 今日は、わざわざ、おいでくださり、ありがとうございます。오늘은 일부러 와주셔서 감사합니다.

- 部長、○○社の鈴木部長がおいでです。부장님, ○○사의 스즈키 부장님이 오셨습니다.

7. お見えになる

「見える(오시다)」는 「来る(오다)」의 존경어이다. 「お見えになる(오시다)」는 이중경어(존경어+존경어 형식)로 잘못된 표현이지만, 많이 사용하여 허용된 표현이다. 「お見え(です)」 형태로도 사용되는데 「来た」를 의미한다.

- 今日は大阪からお客さまがお見えになりました。오늘은 오사카에서 손님이 오셨습니다.

- 山本部長、○○社の李様がお見えです。 야마모토 부장님, ○○사의 이△△씨가 오셨습니다.

- 約束の時間ですが、まだ、○○社の山本部長がお見えになりません。

  약속한 시간입니다만, 아직 ○○사의 야마모토 부장님이 안 오셨습니다.

※「～ている(현재의 상태)」의 존경표현, 즉 「書いている」는 「お書きだ(です)」입니다.
　즉 「お書きになる」에서 「になる」를 「だ(です)」로 바꾸면 됩니다.

例 ・読んでいます → お読みです　・持っています → お持ちです　・考えている → お考えです

- 社長は、今、社長室で報告書をお読みです。 사장님은 지금 사장실에서 보고서를 읽고 계십니다.

- お客様、チケットはお持ちですか。 손님, 티켓을 가지고 계십니까?

- 部長は、これについてどのようにお考えですか。 부장님은 이에 관해서 어떻게 생각하시나요?

8. ご存じだ

「ご存じだ(알고 계시다)」는 「知っている(알고 있다)」의 존경어이다. 「ご存じのように(아시는 바와 같이)」,
「ご存じのとおり(아시는 바와 같이)」 형태로도 사용한다.

- 鈴木さんを御存じですか？ 스즈키 씨를 아십니까?

- ご存知のように仕事の内容はほぼ同じです。 아시는 바와 같이 일의 내용은 거의 같습니다.

- ご存じのとおり、リーマンショクは世界中に大きな影響を与えました。

  아시는 바와 같이 리먼쇼크는 전세계에 커다란 영향을 미쳤습니다.

9. なさる

「なさる(하시다)」는 「する(하다)」의 존경어이다.

- ビールと日本酒、どちらになさいますか。 맥주와 일본술(정종) 어느 쪽을 드시겠습니까?

- 年末年始に皆さんは何をなさいますか？ 연말연시에 여러분은 무엇을 하십니까?

- お客様、どうなさいましたか？ 손님, 무슨 일이신가요?

존경을 나타내는 「なさる」, 「おっしゃる」, 「くださる」, 「いらっしゃる」는 5단동사이지만, 예외적으로 「ます」와 이어질 때 어미는 「る → り」가 아니고 「る → い」이며, 「ーい」의 형태로 명령을 나타낸다.

존경어(보통어)	ます형		명령형
	×	○	
なさる(する)	なさります	なさいます	なさい 하세요
おっしゃる(言う)	おっしゃります	おっしゃいます	(おっしゃい)
くださる(くれる)	くださります	くださいます	ください 주세요
いらっしゃる(来る・行く・いる)	いらっしゃります	いらっしゃいます	いらっしゃい 오세요

10. くださる

「くださる(주시다)」는 「くれる(주다)」의 존경어이다.

- それに関して、ご意見をくださいませんか。그것에 관하여 의견을 주시지 않겠습니까?

- お問い合わせをくださった方へ。문의해주신 분에게.

- 出張から帰った係長がお土産をくださいました。출장에서 돌아온 계장님이 선물을 주셨습니다.

11. いらっしゃる

「いらっしゃる(가시다, 오시다, 계시다)」는 「行く(가다)」, 「来る(오다)」, 「いる(있다)」 존경어이다.

- お客さまがいらっしゃるのでお茶を準備していただけませんか。[来る]
  손님이 오실 것이므로 차를 준비해 주시지 않겠습니까?

- 今どちらにいらっしゃいますか。[いる] 지금 어디에 계십니까?

- 田中さん、今年の休暇は、どちらにいらっしゃいますか。[行く] 다나카 씨, 금년 휴가는 어디로 가십니까?

12. おっしゃる

「おっしゃる(말씀하시다)」는 「言う(말하다)」의 존경어이다.

※「話す(이야기하다)」의 존경어는 「お話になる(말씀하시다)」이다.

- あの、「シニア世代をねらった」とおっしゃいましたが…。

  저, '시니어세대를 겨냥했다'고 말씀하셨습니다만….

- と、おっしゃいますと？ 그렇다는 말씀은?

- どうぞ、ご自由に意見をおっしゃってください。 부디 자유롭게 의견을 말씀해 주세요.

13. 召し上がる

「召し上がる(드시다)」는 「食べる(먹다)・飲む(마시다)」의 존경어이다.

※「お召し上がりになる」,「お召し上がりくださる」는 이중경어(존경어+존경어 형식)로 틀린 표현이지만, 많이 사용하여 허용된 표현이다.

- ○○ラーメンも召し上がりましたか。[食べる] ○○라멘도 드셨습니까?

- お酒、召し上がりますか。[飲む] 술 드십니까?

- お酒、お召し上がりになりますか。[飲む] 술 드십니까?

14. 형용사의 존경어

형용사는 「お〜」형태로 존경어를 나타낸다.

예 ・お忙しい   ・お寒い   ・お若い

- いいえ。お忙しいところ、ご足労いただき、誠にありがとうございます。

  아니오. 바쁘신 중에 발걸음 해주셔서 정말 감사합니다.

- お忙しいところ、恐縮ですが…。 바쁘신 중에 송구스럽습니다만….

• 本日はお忙しいところ、打ち合わせにお時間を割いていただき、ありがとうございました。

오늘은 바쁘신 중에 사전 협의에 시간을 내주셔서 감사했습니다.

15. 형용동사의 존경어

형용동사는 「お[ご]~」 형태로 존경어를 나타낸다.

예 • ご自由だ　　• ご多忙だ　　• ご丁寧だ

• ご自由にお持ち下さい。자유롭게 가져 가세요.

• ご丁寧にありがとうございます。정중하게 (해주셔서) 감사합니다.

• ご多忙のところ恐縮ですが、よろしくお願いします。바쁘신 중에 송구스럽습니다만, 잘 부탁드립니다.

16. 명사의 존경어

명사는 「お(ん)~」, 「ご~」, 「貴~(접두어)」, 「~さん」, 「~さま」, 「御中(접미어)」, 그리고 「명사 + でいらっしゃる」 형태로 존경어를 나타낸다.

• 失礼ですが、下のお名前は何とお読みすればよろしいでしょうか。

실례입니다만, 성함 중 이름의 한자를 어떻게 읽으면 되겠습니까?

• 「ひとみ」様ですね。来月から御社を担当させていただきます。

'히토미' 씨이시죠? 내년부터 귀사를 담당하게 되었습니다.

• 佐藤さん。監視カメラをお変えになるご計画はありませんか。

사토 씨. 감시카메라를 바꾸실 계획은 없으십니까?

• 鈴木社長でいらっしゃいますか。스즈키 사장님이시지요?

17. お[ご]~する

「お[ご]~する」는 동사의 겸양어를 만드는 형식이다.

① 「お~する」의 ~에는 「동사의 ます형」을 사용한다.

예
・読む → お読みする　　・願う → お願いする　　・持つ → お持ちする

② 「ご~する」의 ~에는 「한자어 する 동사」의 한자어를 사용한다.

예
・報告する → ご報告する　　・案内する → ご案内する　　・質問する → ご質問する

・失礼ですが、下のお名前は何とお読みすればよろしいでしょうか。

　실례입니다만, 성함 중 이름(의 한자는) 어떻게 읽으면 되겠습니까?

・これから色々とお世話になります。よろしくお願いします。

　앞으로 여러 가지로 신세 지겠습니다. 잘 부탁드립니다.

・○○の件についてご質問したいと思います。OO건에 관하여 질문하려고 합니다.

・プロジェクトの進捗状況について、ご報告します。 프로젝트의 진척 상황에 관하여 보고하겠습니다.

18. お[ご]~申し上げる

「お[ご]~申し上げる」는 동사의 겸양어를 만드는 형식이다. 여기서 「申し上げる」는 「言う」의 의미는 없다.

① 「お~申し上げる」의 ~에는 「동사의 ます형」을 사용한다.

② 「ご~申し上げる」의 ~에는 「한자어 する동사」의 한자어를 사용한다.

※ お願い申し上げます 〉お願い致します 〉お願いします의 순서로 경도가 높다.

・今後とも、お引き立てのほど、よろしくお願い申し上げます。 앞으로도 보살펴 주시기를 잘 부탁드립니다.

・結果は後ほどご報告申し上げます。 결과는 나중에 보고 올리겠습니다.

・新規プロジェクトの内容について、ご説明申し上げます。 신규 프로젝트의 내용에 관하여 설명 올리겠습니다.

19. お[ご]~いただく

「お[ご]~いただく」는 동사의 겸양어를 만드는 일반형으로 「~してもらう」의 의미이다.

① 「お〜いただく」의 「〜」에는 「동사의 ます형」을 사용한다.

例 ・送る → お送りいただく ・待つ → お待ちいただく ・知らせる → お知らせいただく

② 「ご〜いただく」의 「〜」에는 「한자어 する동사」의 한자어를 사용한다.

例 ・利用する → ご利用いただく ・了解する → ご了解いただく

※ 겸양을 나타내는 「ご(한자어)いただく」는 종종 「ご(한자어)していただく」로 잘못 사용되므로 주의한다.

・설명해 주셨습니다 : ご説明していただきました(×), ご説明いただきました(○)

　　　　　　　　　　　　説明していただきました(○)

이는 윗사람이 설명하는 것인데 「ご(説明)する(자신이 (설명)하다)」의 겸양표현을 사용했기 때문이다.

・お送りいただいた資料を検討させていただきました。 보내주신 자료를 검토하였습니다.

・少々お待ちいただけますか。 조금 기다려 주시겠습니까?

・そうですよね。「Bプランなら5 % 安くご利用いただける」と提案したんですが…。
　그렇지요. 'B플랜이라면 5% 싸게 이용하실 수 있다'고 제안했습니다만….

・いいえ。お忙しいところご足労いただき誠にありがとうございます。
　아니오. 바쁘신 중에 발걸음 해주셔서 정말 감사드립니다.

・つきましては試作品のご説明をしたく、弊社にご訪問いただければと存じます。
　관련하여 시제품의 설명을 드리고 싶으므로, 저희 회사에 방문해 주시기를 바랍니다.

・お忙しいところ恐縮ですが、なにとぞご承諾いただけますようお願いいたします。
　바쁘신 중에 송구스럽습니다만, 아무쪼록 승낙해 주시기를 부탁드립니다.

・このたび御社からご注文いただいた製品の試作品が完成いたしました。
　이번에 귀사에서 주문하신 제품의 시제품이 완성되었습니다.

・また、次回打ち合わせの日程変更を快くご了解いただけましたこと、お礼を申し上げます。
　또한 다음 사전 협의 일정 변경을 흔쾌히 이해해 주신 점, 정말 감사말씀 올립니다.

20. お[ご]〜願う

「お[ご]〜願う」는 동사의 겸양어를 만드는 형식으로 「〜してもらう」의 의미이다.

① 「お~願う」의 「~」에는 「동사의 ます형」을 사용한다.

② 「ご~願う」의 「~」에는 「한자어 する동사」의 한자어를 사용한다.

- つきましては、至急、代替品をご送付願います。

  관련하여 시급하게 대체품을 송부해 주실 것을 부탁합니다.

- 少々、お待ち願えませんか。조금 기다려 주실 수 있습니까?

- 未成年の方の入場はご遠慮願います。미성년의 입장은 삼가 주시기 바랍니다.

21. ~ていただく

「~ていただく」는 동사의 겸양어를 만드는 형식으로 「~てもらう」의 의미이다. 「~」에는 [동사, (한자어) する]의 「て형」을 사용한다.

이는 「~(さ)せていただく[~(さ)せてもらう]」 형태로 많이 사용하는데, '자신의 행위를 상대방의 허락을 얻어 하다'라는 의미이다.

- 朴です。今回の出張で経費として認められるものを教えていただけますか。

  박○○입니다. 이번 출장에서 경비로 인정되는 것을 알려주시겠습니까?

- お客さまがいらっしゃるので、お茶を準備していただけませんか。

  손님이 오시므로 차를 준비해 주시지 않겠습니까?

- 申し訳ないですが、私にかわって部長に企画書を提出していただけると助かります。

  죄송합니다만, 저 대신에 부장님께 기획서를 제출해 주시면 좋겠습니다.

- それから □□社の木村部長にも新プランを喜んでいただけました。

  그리고 □□사의 기무라 부장님도 새로운 플랜을 기뻐하셨습니다.

- ○○社の山田部長には当社の製品に良い印象を持っていただけました。

  ○○사의 야마다 부장님은 우리 회사 제품에 좋은 인상을 가지셨습니다.

- 「ひとみ」様ですね。来月から御社を担当させていただきます。

  '히토미' 씨이시지요? 다음 달부터 귀사를 담당하게 되었습니다.

- はじめてメールを送らせていただきます。처음으로 메일을 보냅니다.

- お送りいただいた資料を検討させていただきました。보내 주신 자료를 검토하였습니다.

22. あげる

「あげる(주다)」는 「やる(주다)」의 겸양어이다.

- 私は田中さんに韓国のお菓子をあげました。나는 다나카 씨에게 한국 과자를 주었습니다.

- お祝いの品物をあげたいのですが…。축하 선물을 주고 싶습니다만….

- 友だちにあげるプレゼントを買いに行きました。친구에게 줄 선물을 사러 갔습니다.

23. 差し上げる

「差し上げる(드리다)」는 「やる(주다)」의 겸양어이다.

※ 우리말 '~해 드리다'를 「~てさしあげる」로 잘못 사용하는 경우가 많다. 이는 상대방에게 생색내는 표현으로 상대방 면전에서는 사용하기 어렵다.
  예 • 私が案内して差し上げます(×), 私が案内いたします(○), 私がご案内いたします(○)

- お客様にお茶を差し上げる。손님에게 차를 드리다.

- 先ほどお電話を差し上げましたが…。조금 전에 전화를 드렸습니다만….

- 新製品のカタログを差し上げますので、ぜひ、ご検討ください。

  신제품 카탈로그를 드리겠으니 꼭 검토해 주세요.

24. 申し上げる

「申し上げる(말씀드리다)」는 「言う(말하다)」의 겸양어이다.

- 略儀ながら、取り急ぎメールにてお礼のご挨拶を申し上げます。

  간단하지만, 우선 메일로 감사 인사를 드립니다.

- また、次回の打ち合わせの変更を快くご了解いただけましたこと、お礼を申し上げます。

  또한 다음 사전 협의 일정 변경을 흔쾌히 이해해 주신 점 감사말씀 올립니다.

- 調査にご協力くださり、深く感謝を申し上げます。 조사에 협력해 주셔서 깊이 감사 올립니다.

25. うかがう

「うかがう(듣다 / 묻다・찾다 / 방문하다)」는 「聞く・行く・たずねる(듣다 / 묻다・찾다 / 방문하다)」의 겸양어이다.

※「お伺いする」,「お伺いいたす」,「お伺い申し上げる」는 이중경어(겸양어＋겸양어 형식)로 틀린 표현이지만, 많이 사용하여 허용된 표현이다.

- 近日中にご挨拶にうかがいたいと存じます。 가까운 시일 내에 인사드리러 찾아뵙도록 하겠습니다.

- 本日は試作品を試用させていただけるとうかがいましたが…。

  오늘은 시제품을 시험해 볼 수 있다고 들었습니다만….

- 失礼ですが、お名前をお伺いしてもよろしいですか。 실례입니다만, 성함을 여쭈어도 되겠습니까?

26. いただく

「いただく(받다・먹다・마시다)」는 「もらう・食べる・飲む(받다・먹다・마시다)」의 겸양어이다.

- すぐにお返事をいただき、大変助かります。[もらう] 바로 답신 주셔서 정말 감사합니다.

- もう十分いただきました。[食べる・飲む] 이미 충분히 먹었습니다(마셨습니다).

- これは田中さんにいただいた物です。[もらう] 이것은 다나카 씨에게 받은 것입니다.

27. 頂戴する

「頂戴する(받다・먹다・마시다)」는 「もらう・食べる・飲む(받다・먹다・마시다)」의 겸양어이다.

- お礼のメールを頂戴しました。[もらう] 감사 메일을 받았습니다.

- 今回は味噌ラーメンを頂戴しました。[食べる] 이번에는 미소라멘을 먹었습니다.

- 前払いですので、事前に料金を頂戴します。[もらう] 선불이므로 사전에 요금을 받겠습니다.

28. 拝見する

「拝見する(보다)」는 「見る(보다)의 겸양어이다. 「拝聴する(삼가 듣다)」는 「聞く(듣다)」의 겸양어이다. 「拝借する(빌리다)」는 「借りる(빌리다)」의 겸양어이다.

- メールを確かに拝見しました。 메일을 확실히 보았습니다.

- ご講演、たいへん興味深く拝聴しました。質問が一つあるのですが…。

  강연, 굉장히 흥미롭게 경청하였습니다. 질문이 하나 있습니다만….

- すみません。ちょっと、朱肉を拝借したいのですが。 미안합니다. 잠깐 인주를 빌리고 싶습니다만….

29. お目にかかる

「お目にかかる(만나뵙다)」는 「会う(만나다)」의 겸양어이다.

- お目にかかってお話ししたいです。。 만나 뵙고 이야기하고 싶습니다.

- 始めてお目にかかります。 처음 뵙겠습니다.

- お目にかかれて、たいへん光栄です。 만나뵙게 되어 대단히 영광입니다.

30. 명사의 겸양어

명사는 「お~」, 「ご~(접두어)」 등으로 겸양어를 나타낸다.

- お電話ありがとうございます。株式会社△△でございます。 전화 감사합니다. 주식회사 △△입니다.

- ちょっと、お願いがあるんですが。좀 부탁이 있습니다만….

- 大変ご迷惑をおかけいたしました。굉장히 신세를 졌습니다.

31. ~いたします

「~いたす(하다)」는 「~する(하다)」 겸양어로 「한자어 する동사」에 사용한다.

- 取り急ぎ、メールにて失礼いたします。우선 메일로 실례하겠습니다.

- このたび、御社からご注文いただいた製品の試作品が完成いたしました。

  이번에 귀사가 주문하신 제품의 시제품이 완성되었습니다.

- 5月7日に注文しましたタブレット「E-Pad」(AB-3489)」100台、本日着荷いたしました。

  5월 7일에 주문하신 태블릿 'E-Pad'(AB-3489)' 100대, 오늘 도착하였습니다.

32. お[ご]~いたします

「お[ご]~いたします」는 「お[ご]~します」보다 경도가 높은 겸양어이다.

- 工事概要を説明した資料がありますので、メールでお送りいたします。

  공사개요를 설명한 자료가 있으므로 메일로 보내드리겠습니다.

- 恐れ入りますが、営業部の中村さんをお願いいたします。

  죄송하지만, 영업부 나카무라 씨를 부탁드립니다.

- 戻りましたら、こちらからお電話いたしましょうか。

  돌아오면 이쪽에서 전화 드릴까요?

- 添付ファイルにて、下記資料をご送付いたします。

  첨부파일로 다음 자료를 송부하겠습니다.

- 本日の○○社との契約交渉について、ご報告いたします。

  오늘 ○○사와의 계약 교섭에 관하여 보고드리겠습니다.

33. ~ておる

「~ておる(하고 있다)」는 「~ている(하고 있다)」의 겸양어이다.

- いつもお世話になっております。항상 신세지고 있습니다.

- カメラの設置台数は20台を考えております。카메라 설치대수는 20대를 생각하고 있습니다.

- あいにく、中村はただいま席を外しております。공교롭게도 나카무라는 지금 자리에 없습니다.

34. ~てまいる

「~てまいる(해 가다/오다)」는 「~ていく(해 가다)」, 「~てくる(해 오다)」의 겸양어이다.

- それをそちらへ持ってまいります。[いく] 그것을 그쪽으로 가지고 가겠습니다.

- 先週、社員旅行に行ってまいりました。[くる] 지난주 사원 여행을 다녀왔습니다.

- 弊社は新素材の開発に力を注いでまいりました。[くる] 저희 회사는 신소재 개발에 힘을 써 왔습니다.

35. おる (いる)

「おる(있다)」는 「いる(있다)」의 겸양어이다.

- 課長は、ただ今おりません。과장님은 지금 안계십니다.

- 私どもの会社に高橋という者はおりません。저희 회사에 다카하시라는 사람은 없습니다.

- ただ今、高橋は出張でタイにおります。지금 다카하시는 출장으로 태국에 있습니다.

36. 申す

「申す(말하다)」는 「言う · 話す(말하다 · 이야기하다)」의 겸양어이다.

- はじめまして。○○社営業部の朴一虎と申します。

  처음 뵙겠습니다. ○○사 영업부 박일호라고 합니다.

- はじめまして。△△社開発部の鈴木と申します。

  처음 뵙겠습니다. △△사 개발부의 스즈키라고 합니다

- メールアドレスを申しますので、メモをお願いします。

  메일 주소를 말씀드리겠으므로 메모 부탁드립니다.

37. いたす

「いたす(하다)」는 「する(하다)」의 겸양어이다.

- その場合、必ず連絡をいたします。그 경우, 반드시 연락드리겠습니다.

- 私がいたします。제가 하겠습니다.

- 保証期間内は無償で修理いたします。보증기간 이내에는 무상으로 수리해드리겠습니다.

38. 参る

「参る(가다 · 오다)」는 「行く · 来る(가다 · 오다)」의 겸양어이다.

- 明日のミーティングでご指示くだされば再度○○社に参って契約を進めます。

  내일 미팅에서 지시해 주시면 다시 한번 ○○사에 찾아 뵙고 계약을 진행하겠습니다.

- 部長の山田もただ今参りますので、少々お待ちください。

  야마다 부장도 바로 올 것이므로 조금만 기다려주세요.

- 午後1時ごろに、御社に参りたいと思います。오후 1시경에 귀사에 찾아뵈려고 합니다.

39. 存じる

「存じる(알다 · 생각하다)」는 「知る · 思う(알다 · 생각하다)」의 겸양어이다.

- 至らぬ点も多いと存じますが、なにとぞ、よろしくお願いします。

  부족한 점도 많으리라고 생각합니다만, 아무쪼록 잘 부탁드립니다.

- 近日中にご挨拶にうかがいたいと存じます。

  가까운 시일 내에 인사드리러 찾아뵈려고 합니다.

- 御社は教育事業に力を注いでいると存じております。

  귀사는 교육사업에 힘쓰고 계시다고 알고 있습니다.

40. 명사의 겸양어

접두어 「弊~」는 다른 말 앞에 붙여서 겸양어를 나타낸다.

- 弊社、営業部の李之訓にかわって新しく御社を担当させていただきます。

  저희 회사 영업부의 이지훈 대신에 새롭게 귀사를 담당하게 되었습니다.

- 本当ですか！ぜひとも、弊社製品をご検討を!

  정말입니까? 꼭 저희 제품을 검토해 주세요!

- これより弊社が提案する事業計画をご説明します。

  지금부터 저희 회사가 제안하는 사업계획을 설명드리겠습니다.

41. ~です / ~ます

「~です(입니다)」는 「~だ(이다)」의 공손어이다.

「~ます(입니다)」는 「동사+ます」 형태로 사용되는 공손어이다.

※ 공손어 「~です」 · 「~ます」는 존경어, 겸양어에도 붙여서 사용한다.

- 失礼ですが、下のお名前は何とお読みすればよろしいでしょうか。

  실례입니다만, 성함의 이름 부분 한자는 어떻게 읽으면 될까요?

- 「ひとみ」です。'히토미'입니다.

- 「ひとみ」様ですね。来月から御社を担当させていただきます。

  '히토미'씨 이시군요. 다음 달부터 귀사를 담당하게 되었습니다.

- これから色々とお世話になります。よろしくお願いします。

  앞으로 여러 가지로 신세지겠습니다. 잘 부탁드립니다.

42. ～でございます

「ございます(있습니다)」는 「あります(있습니다)」, 「～でございます(～입니다)」는 「～であります(=です) (～입니다)」의 공손어이다.

- お電話ありがとうございます。株式会社△△でございます。

  전화 감사합니다. 주식회사 △△입니다.

- 御社のご期待に応えられるよう、今後、大いに努力する所存でございます。

  귀사의 기대에 부응할 수 있도록 앞으로 힘껏 노력하도록 하겠습니다.

- 展示会場はこちらでございます。 전시회장은 이쪽입니다.

43. 미화어(美化語) : お〜 / ご〜

미화어(美化語)는 아름답고 품격 있는 문장을 표현하기 위해서 사용한다.

「お＋일본어」, 「ご＋한자어」 형태로 미화어를 나타낸다.

※ 접두어 お〜, ご〜

(1) 반드시 미화어로만 쓰인다.

  예 • おかず : 반찬　　• ご飯 : 밥, 식사

(2) お, ご가 붙어서 의미가 바뀐다.

  예 • おひや(冷) : 냉수, 찬물　　• おにぎり(握り) : 주먹밥　　• おさんじ(三時) : 3시경의 간식

(3) 한자어에 「ご」, 일본어에 「お」가 붙는 예외도 있다.

예 ・お電話 : 전화　　・お掃除 : 청소　　・ごゆっくり : 천천히　　・ごもっとも : 지당함

- お客さまがいらっしゃるので、お茶を準備していただけませんか。

  손님이 오시므로 차를 준비해 주시지 않겠습니까?

- 例えば、貯蓄額とか趣味に費やす時間やお金とか…。

  예를 들면 저축금액이라든지 취미에 쓰는 시간이나 비용이라든지….

- お電話、ありがとうございます。○○社営業部、田中でございます。

  전화 감사합니다. ○○사 영업부 다나카라고 합니다.

44. 경의표현

경의표현(敬意表現)은 경어 이외 상대에게 경의(敬意)를 나타내는 것으로 인사말이나 배려 표현 등이 있다.

(1) ありがとうございます(고맙습니다)

- お電話ありがとうございます。株式会社△△でございます。

  전화 감사합니다. 주식회사 △△라고 합니다.

- いいえ。お忙しいところ、ご足労いただき、誠にありがとうございます。

  아닙니다. 바쁘신 중에 힘든 발걸음 해주셔서 정말 감사합니다.

- この度は、弊社のプランをご検討くださり、誠にありがとうございます。

  이번에는 저희 플랜을 검토해 주셔서 정말로 감사드립니다.

(2) よろしくお願いします(잘 부탁합니다)

- これから色々とお世話になります。よろしくお願いします。

  앞으로 여러 가지로 신세지겠습니다. 잘 부탁드립니다.

- 至らぬ点も多いと存じますが、なにとぞ、よろしくお願いします。

  부족한 점도 많으리라고 생각합니다만, 아무쪼록 잘 부탁드립니다.

- お手数をおかけしますが、よろしくお願いします。 번거롭게 해드립니다만 잘 부탁드립니다.

(3) お疲れ様(です)(수고하셨습니다)

- 朴さん、お疲れ様です。 박○○씨 수고하셨습니다.

- お疲れ様です。 営業部の鈴木です。 수고많으십니다. 영업부 스즈키입니다.

- 昨日はお疲れ様でした。 어제는 수고많으셨습니다.

(4) 初めてお目にかかります(처음 뵙겠습니다)

- 初めてお目にかかります。 ○○社営業部の木村と申します。

  처음 뵙겠습니다. ○○사 영업부 기무라라고 합니다.

- 初めてお目にかかります。 このように、 お目にかかれまして、 誠に光栄に存じます。

  처음 뵙겠습니다. 이렇게 만나뵙게되어 정말 영광으로 생각합니다.

- 初めてお目にかかります。 これから、 よろしくお願いいたします。

  처음 뵙겠습니다. 앞으로 잘 부탁드립니다.

(5) お世話になっております(신세지고 있습니다)

- いつもお世話になっております。 언제나 신세지고 있습니다.

- いつも大変お世話になっております。 언제나 신세 많이 지고 있습니다.

- いつもお世話になっております。 ○○物産の鈴木です。 언제나 신세지고 있습니다. ○○물산의 스즈키입니다.

(6) ご無沙汰いたしております(오랫동안 연락 못드렸습니다)

- ご無沙汰いたしております。 ○○社人事部の佐藤です。

  오랫동안 연락 못드렸습니다. ○○사 인사부의 사토입니다.

- ご無沙汰いたしております。 寒い季節を迎えましたが、 お変りはありませんか。

  오랫동안 연락 못드렸습니다. 추운 계절이 왔습니다만, 별일 없으신지요?

- ご無沙汰いたしております。 お元気でしたか。

  오랫동안 연락 못드렸습니다. 잘 지내십니까?

(7) お待たせしました(오래 기다리셨습니다)

- お待たせしました。こちらがご所望の品です。

  오래 기다리셨습니다. 이쪽이 희망하신 물품입니다.

- 皆様、長らくお待たせしました。ただ今より新製品の発表会を開始いたします。

  여러분 오랫동안 기다리셨습니다. 지금부터 신제품 발표회를 개시하겠습니다.

- お待たせしました。次のお客様、2番カウンターへどうぞ。

  많이 기다리셨습니다. 다음 손님, 2번 카운터로 오세요.

(8) かしこまりました(잘 알겠습니다)

- かしこまりました。念のため、お電話番号を教えていただけますか。

  잘 알겠습니다. 혹시 모르니까, 전화번호를 알려주시겠습니까?

- かしこまりました。ただいま、ご注文の品をお持ちしますので、少々お待ちください。

  잘 알겠습니다. 지금 바로 주문하신 물건을 가져오겠으므로 잠시만 기다려 주세요.

- かしこまりました。至急、その旨、部長の中川に申し伝えます。

  잘 알겠습니다. 급히 그 내용을 나카가와 부장에게 전달하겠습니다.

(9) 恐れ入ります(죄송합니다)

- このように、お気遣いいただき、たいへん恐れ入ります。

  이렇게 신경써 주셔서 대단히 죄송합니다(송구스럽습니다).

- 恐れ入ります。私、○○社の吉田と申しますが、人事部の田中部長はいらっしゃいますか。

  죄송합니다. 저는 ○○사의 요시다라고 합니다만, 인사부 다나카부장님 계십니까?

- わざわざ、弊社まで足を運んでくださり、誠に恐れ入ります。

  일부러 저희 회사까지 와주셔서 정말 송구스럽습니다.

(10) 恐れ入りますが(죄송합니다만)

- 恐れ入りますが、伝言をお願いしたいのですが。

  죄송합니다만, 전언을 부탁드리고 싶습니다만,

- 恐れ入りますが、この用紙にお名前とお電話番号をご記入ください。

  죄송합니다만, 이 용지에 성함과 전화번호를 기입해 주세요.

- 恐れ入りますが、ご予約がなければ、会場にお通しすることはできません。

  죄송합니다만, 예약이 없으면 회장에 들어가실 수 없습니다.

(11) おかげさまで(덕분에)

- おかげさまで、新プランは好評をいただいております。

  덕분에 새로운 플랜은 호평을 받고 있습니다.

- おかげさまで、前年の業績を上回ることができました。お礼申し上げます。

  덕분에 전년도의 업적을 웃돌게(상회하게) 되었습니다. 감사말씀 드립니다.

- おかげさまで弊社は創業30周年を迎えることができました。

  덕분에 저희 회사는 창업 30주년을 맞이하게 되었습니다.

(12) おかげで(덕분에)

- 御社の技術協力のおかげで新製品の開発に成功いたしました。

  귀사의 기술협력 덕분에 신제품 개발에 성공하였습니다.

- お客様に好評をいただいたおかげで、弊社も一躍有名になりました。

  손님들께 호평을 받은 덕분에 저희 회사도 일약 유명해 졌습니다.

- 規制緩和のおかげで、弊社も新しい事業に参入することができました。

  규제 완화 덕분에 저희 회사도 새로운 사업에 참여할 수 있게 되었습니다.

(13) とんでもないです(별말씀을)

- いいえ、とんでもないです。아닙니다. 별말씀을요.

- とんでもないです。こちらこそ、ご迷惑をおかけして申し訳ありません。

  별말씀을요. 저야말로 폐를 끼쳐서 죄송합니다.

- とんでもないです。こちらこそ、たいへんお世話になりました。

  별말씀을요. 저야말로 대단히 신세 많이 졌습니다.

(14) すみません(が)～(し)ていただけませんか(미안합니다만 ~ 해 주실 수 없습니까?)

- お客さまがいらっしゃるので、お茶を準備していただけませんか。

  손님이 오시므로 차를 준비해 주시지 않겠습니까?

- 申し訳ありません、打ち合わせを少し延期していただけませんか。

  죄송합니다. 사전 협의를 조금 연기해 주시지 않겠습니까?

- すみませんが、これを営業部の吉田さんに渡していただけませんか。

  죄송합니다만, 이것을 영업부 요시다 씨에게 전달해 주시지 않겠습니까?

(15) よろしければ(괜찮으시다면)

- よろしければ、メールアドレスを教えていただけますか。

  괜찮으시면, 메일 주소를 알려주시겠습니까?

- こちらのプランの方がよろしければ、こちらでお見積りを作成いたします。

  이쪽 플랜이 더 괜찮으시면, 이쪽으로 견적을 작성하도록 하겠습니다.

- よろしければ、この後、一杯やりませんか。

  괜찮으시면, 이 일이 끝난 후 한잔 하시지 않겠습니까?

(16) 差し支えなければ(괜찮으시다면 / 지장없으시면)

- 差し支えなければ、この後の懇親会にいらっしゃいませんか。

  괜찮으시면 조금 후의 교류회에 오시지 않겠습니까?

- 日程に差し支えなければ来週にでも御社を視察させていただきたいのですが。

  일정에 지장 없으시면 다음 주라도 귀사를 시찰하고 싶습니다만.

- 差し支えなければ、顧客名簿を見せていただけませんか。

  괜찮으시면 고객 명부를 보여주시지 않겠습니까?

(17) せっかくですが / せっかくのお(ご)○○ですが(모처럼이지만 / 모처럼 ~입니다만)

- せっかくですが、その日は先約がありまして、会食は欠席させていただきます。

  모처럼이지만, 그날은 선약이 있어서 회식은 결석하겠습니다.

- せっかくのご提案ですが、弊社の規則で、それはお受けできません。

  모처럼의 제안입니다만, 저희 회사의 규칙으로 그것은 수락할 수 없습니다.

- せっかくのお誘いですが、日程の都合で、その日はうかがうことができません。

  모처럼 초대해주셨습니다만, 일정 사정상 그날은 찾아뵐 수 없습니다.

(18) あいにくですが(공교롭게도)

- あいにくですが、ただ今、在庫を切らしている状況です。申し訳ありません。

  공교롭게도 지금 재고가 없는 상황입니다. 죄송합니다.

- あいにくですが、御社との取り引きは考えておりません。

  공교롭게도 귀사와의 거래는 생각하고 있지 않습니다.

- あいにくですが、ただ今、佐藤は席を外しております。 공교롭게도 지금 사토는 자리에 없습니다.

(19) 失礼ですが(실례이지만)

- 失礼ですが、下のお名前は何とお読みすればよろしいでしょうか。

  실례이지만, 성함의 이름의 한자는 어떻게 읽으면 되겠습니까?

- 失礼ですが、どちら様でしょうか。 실례지만 어떻게 되십니까?(누구십니까?)

- 失礼ですが、おいくつでいらっしゃいますか。 실례지만 나이가 어떻게 되시는지요?

(20) 申し上げにくいのですが(말씀드리기 어렵지만)

- 申し上げにくいのですが、このご予算ではご希望に添えません。

  말씀드리기 어렵지만, 이 예산으로는 원하시는 대로 하기 어렵습니다.

- 申し上げにくいのですが、もう少し値下げしていただくわけには参りませんか。

  말씀드리기 어렵지만, 조금 더 가격을 낮추어 주실 수는 없습니까?

- 申し上げにくいのですが、70歳以上の方は、このプランにご加入いただけません。

  말씀드리기 어렵지만, 70세 이상이신 분은 이 플랜에 가입하실 수 없습니다.

(21) お言葉に甘えて (말씀하신 대로)

- A：どうぞ、鞄とコートをお預けください。 자, 가방과 코트를 맡겨 주세요.

  B：それではお言葉に甘えてお願いします。 그럼 말씀하신 대로 부탁합니다.

- A：粗茶ですが、お召し上がりください。 차린 것은 없지만 많이 드세요.

  B：お言葉に甘えていただきます。 그럼 잘 먹겠습니다.

- A：どうぞ、足を楽にしてください。 자, 다리를 편하게 하세요.

  B：それでは、お言葉に甘えて失礼します。 그럼 말씀하신 대로 실례하겠습니다.

(22) 遠慮なく (사양하지 않고)

- A：もう一杯、お茶はいかがですか。 차 한잔 더 어떠십니까?

  B：それでは遠慮なくいただきます。 그럼 사양하지 않고 마시겠습니다.

- A：弊社の製品に不便な点があればお教えください。

  저희 회사 제품에 불편한 점이 있으면 알려주세요.

  B：それでは遠慮なく、言わせていただきます。

  그럼 사양하지 않고 말씀드리겠습니다.

- A：どうぞ、ご自由に試作品をお使いください。 자, 자유롭게 시제품을 사용해 보세요.

  B：それでは遠慮なく、使わせていただきます。 그럼 사양하지 않고 사용해 보겠습니다.

(23) ご遠慮なさらずに (사양하시지 말고)

- ご遠慮なさらずに茶菓をお取りください。 사양하시지 말고 다과를 드세요.

- 弊社の製品にご不満があればご遠慮なさらずにおっしゃってください。

  저희 회사 제품에 불만이 있으시면 사양하시지 말고 말씀해 주세요.

- ご遠慮なさらずに、もう一杯、どうぞ。

  사양하시지 말고 한잔 더 드세요.

170

(24) お手数ですが(수고스럽지만, 번거로우시겠지만)

- お手数ですが、携帯電話の電源をお切りください。 번거로우시겠지만 휴대전화의 전원을 꺼주세요.

- お手数ですが、2階の会議室へは階段をご利用ください。

  번거로우시겠지만 2층 회의실에는 계단을 이용해 주세요.

- お手数ですが、申請書には印紙をお貼りください。 번거로우시겠지만, 신청서에는 인지를 붙여 주세요.

(25) さっそくですが((그럼) 먼저)

- 今日はお忙しいところ、ご来訪くださりありがとうございます。さっそくですが、契約内容について確認したいと思います。

  오늘은 바쁘신 중에 내방해 주셔서 감사합니다. 그럼 먼저 계약 내용에 관해서 확인하고자 합니다.

- これよりブリーフィングを始めます。さっそくですが、木村さんから先月の売り上げについて報告があります。

  지금부터 브리핑을 시작하겠습니다. 그럼 먼저 기무라 씨가 지난달의 매상에 관해 보고하겠습니다.

- 皆さん、おはようございます。さっそくですが、昨日のトラブルについて、対策を話し合いたいと思います。

  여러분 좋은 아침입니다. 그럼 먼저 어제 트러블(문제)에 관해서 대책을 의논하고자 합니다.

비즈니스 이메일 보내기

Ⅱ. 비즈니스 일본어 이메일 보내기

1. 일본어 키보드 입력

일본어 글자는 영문자로 입력하면 가나로 자동으로 변환된다. 기본적으로는 발음 대로 영어 로마자로 입력한다. 가나를 소문자로 입력하는 경우 'x'를 붙여야 한다.

❀ 청음 자판

あ a	か ka	さ sa	た ta	な na	は ha	ま ma	や ya	ら ra	わ wa	ん nn
い i	き ki	し si	ち ti	に ni	ひ hi	み mi		り ri		
う u	く ku	す su	つ tu	ぬ nu	ふ hu	む mu	ゆ yu	る ru		っ xtu
え e	け ke	せ se	て te	ね ne	へ he	め me		れ re		
お o	こ ko	そ so	と to	の no	ほ ho	も mo	よ yo	ろ ro	を wo	

❀ 탁음·반탁음자판

が ga	ざ za	だ da	ば ba	ぱ pa
ぎ gi	じ zi	ぢ di	び bi	ぴ pi
ぐ gu	ず zu	づ du	ぶ bu	ぷ pu
げ ge	ぜ ze	で de	べ be	ぺ pe
ご go	ぞ zo	ど do	ぼ bo	ぽ po

❀ 요음 자판

きゃ kya	しゃ sya	ちゃ cha	にゃ nya	ひゃ hya	みゃ mya	りゃ rya	ぎゃ gya	じゃ ja	びゃ bya	ぴゃ pya
きゅ kyu	しゅ syu	ちゅ chu	にゅ nyu	ひゅ hyu	みゅ myu	りゅ ryu	ぎゅ gyu	じゅ ju	びゅ byu	ぴゅ pyu
きょ kyo	しょ syo	ちょ cho	にょ nyo	ひょ hyo	みょ myo	りょ ryo	ぎょ gyo	しょ jo	びょ byo	ぴょ pyo

❄ 어려운 가나 입력 방법

※ 촉음「っ」는 'kk', 'tt', 'pp', 'ss' 등 자음을 두 번씩 입력해도 된다.

※ 작은「ぁ」,「ぃ」,「ぅ」,「ぇ」,「ぉ」도「x+a, i, u, e, o」로 입력하면 된다.

2. 일본 인터넷 검색 사이트 (야후 재팬)

일본에서 주로 이용되는 인터넷 검색 사이트는 야후 재팬(yahoo.co.jp)과 구글(google.com)이다

3. 이메일 화면

메일 박스의 툴바 구성은 다음과 같다.

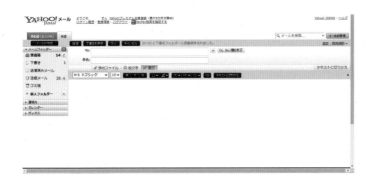

※ 툴바 명칭

- メールフォルダー 메일 폴더　・受信箱 수신함　・下書き 미리 쓰기　・送信済みメール 보낸 편지함
- 迷惑メール 스팸메일　・ゴミ箱 휴지통　・個人フォルダー 개인 폴더　・アドレスブック 주소록
- カレンダー 캘린더　・ボックス 박스

※ 메일 작성에 필요한 용어

- メールの作成 메일 작성　・送信 송신　・下書きを保存 임시 보관　・署名 서명　・キャンセル 취소
- 添付ファイル 첨부파일　・絵文字 이모티콘　・書式 서식　・ファイルを添付 파일을 첨부
- URLでシェア URL 공유

4. 비즈니스 이메일 형식

비즈니스 메일의 기본 구성은 ① 宛名 받는 사람, ② 挨拶 인사, ③ 名乗り 보내는 사람, ④ 要旨 요지, ⑤ 詳細 상세 내용, ⑥ 結びの挨拶 맺음말, ⑦ 署名 서명이다.

비즈니스 메일은 비즈니스 문서와 달리「拝啓 立春の候、貴社ますますご清栄のこととお喜び申し上げます」등의 인사말은 쓰지 않는다.

① 「宛名」의 예

- 株式会社アイ・コミュニケーション 주식회사 아이 커뮤니케이션
- 取締役 대표이사
- 平野友朗様 히라노 도모히로 님

② 「挨拶」의 예

- ご無沙汰しております。 그 동안 격조했습니다.
- 先日は、ありがとうございました。 지난번에는 감사했습니다.
- 早速のご連絡ありがとうございます。 바로 연락 주셔서 감사합니다.

③ 「名乗り」의 예

회사명, 부서명, 이름을 쓴다.

- ○○株式会社広告部安部太郎でございます。 ○○주식회사 광고부 아베 타로입니다.

④ 「要旨」의 예(메일을 보내는 목적 및 이유를 쓴다)

- 打ち合わせの日程について、ご相談いたします。 협의 일정에 대해서 상의 드립니다.
- 先日のお礼を申し上げたく、メールをお送りしました。 지난번 일을 감사드리고자 메일 보냅니다.
- ○○○○についてお詫びを申し上げたく、ご連絡いたしました。

  ○○○○에 대해서 사과를 드리고자 연락해 드렸습니다.
- お見積内容のご確認のために、ご連絡いたしました。 견적 내용 확인을 위해 연락해 드렸습니다.

⑤ 「詳細」의 예(항목별로 기술한다)

- 内容 내용 ビジネスメールコミュニケーション講座(ベーシック編) 비즈니스 메일 커뮤니케이션 강좌(기초편)
- 日時 일시 ２０２１年8月20日(金) 2021년 8월 20일 (금)
- 場所 장소 株式会社アイ・コミュニケーション セミナールーム 주식회사 아이 커뮤니케이션 세미나 룸
- 対象 대상 新入社員もしくは研修担当者 신입사원 혹은 연수 담당자
- 参加費 참가비 ８,６４０円(税込) 8,640엔(세금 포함)

⑥ 「結びの挨拶」의 예

- 今後ともよろしくお願いいたします。 앞으로도 잘 부탁드립니다.
- ご検討の程、よろしくお願いいたします。 검토 잘 부탁드립니다.
- 引き続きよろしくお願いいたします。 앞으로도 잘 부탁드립니다.
- ご協力いただけますよう、よろしくお願いいたします。 협력해 주시기를 간곡히 부탁드립니다.

⑦ 「署名」(메일에서의 명함에 해당한다)

회사명, 부서명, 이름, 우편번호, 주소, 건물명, 전화번호, 팩스번호, 메일 주소, URL(웹사이트명도 기재하는 것이 좋다)의 내용을 넣는다.

株式会社アイ・コミュニケーション　平野友朗
〒101-0052
東京都千代田区神田小川町2-1 KIMURA BUILDING 5階
電話 03-5577-3237 / FAX 03-5577-3238
メール info@sc-p.jp
http://www.sc-p.jp/

5. 비즈니스 문서양식

비즈니스 문서에는 적어 넣어야 할 사항이 있다. 문서 성격에 따라 일부 생략할 수도 있지만 거래처에 보내는 경우에는 다음과 같은 항목을 적는 것이 일반적이다.

① 문서번호   ② 발신연월일   ③ 수신자명   ④ 발신자명   ⑤ 날인   ⑥ 건명
⑦ 기어 / 결어   ⑧ 전문   ⑨ 주문(본론)   ⑩ 추신문   ⑪ 말문

---

① ○○発第○○号

② ○○○○年○○月○○日□□□

③ □□株式会社

④ □□□□□□□□□

□□□□□様

⑤ □□□□□□印

⑥ カタログ送付のご案内

⑦ 拝啓   ⑧ 時下、ますますご隆昌のこととお慶び申し上げます。

⑨ さて、先日ご依頼のありました○○のカタログを送付いたします。何とぞ詳細にご検討くださいますようお願い申し上げます。⑩ なお、カタログでご不明な場合は御一報いただければ弊社社員を派遣いたしますので、よろしくお願いいたします。

⑪ まずは、ご案内まで。

⑦ 敬具

---

② **발신연월일은 서력으로 표기하거나 연호로 표시한다.**

明治 (1868年~1912年) / 大正(1912年~1926年) / 昭和(1926年~1989年) /
平成(1989年~2019年) / 令和(2019年~현재)

⑦ **기어 / 결어란 문장을 시작하기 전에 가장 먼저 시작하는 말이고, 결어는 문장을 맺은 다음에 쓰는 말이다. 기어 / 결어에는 「拝啓ー敬具」, 「前略ー草々」가 있다. 「前略」는 전문을 생략할 경우 사용한다.**

⑧ 전문이란 기어 다음으로 쓰는 계절별 인사말과 감사를 나타내는 말이다.

- 貴社にはご隆昌のことと、お慶び申し上げます。 귀사에 발전이 있으시길 축원 드립니다.

- 貴社ますますご繁栄のこととお慶び申し上げます。 귀사의 더욱 큰 발전을 기원 드립니다.

- 皆様ご健勝、お慶び申し上げます。 여러분의 건승을 기원 드립니다.

- 平素はお世話になり厚くお礼申し上げます。 평소에 신세가 많아 깊이 감사드립니다.

- 毎度身にあまるご協力、心からお礼申し上げます。

  매번 분에 넘치는 협력을 해 주셔서 진심으로 감사드립니다.

⑨ 주문(본론)은 문서의 용건을 말하는 부분으로 주로 「さて」로 시작한다.

⑩ 추신문은 주문 이외의 추가 내용을 쓴다. 「なお」로 시작한다.

⑪ 말문은 문장을 맺는 인사말로 문장 끝에 결어를 쓴다.

- まずはご挨拶申し上げます。 우선 인사 말씀 드립니다.

- 取り急ぎ、ご案内申し上げます。 서둘러 안내 말씀을 드립니다.

- 取り急ぎお返事まで。 우선은 답변만 드립니다.

III. 비즈니스 단신보고

비즈니스에서는 보고·연락·상담이 중요하다. 각 비즈니스 상황에서 자주 사용되는 문자 메시지, 단신보고의 예를 소개한다.

1. 자기소개 및 인사

（約束を取るとき）

・来週の月曜日はお時間、大丈夫でしょうか。

・7月8日、月曜日はお時間がおありですか。

・打ち合わせの場所はどちらがよろしいですか。

(약속을 잡을 경우)

다음 주 월요일은 시간 괜찮으신가요?

7월 8일, 월요일은 시간 있으신가요?

협의 장소는 어디가 좋으신가요?

（対面前にメッセージを送るとき）

・○○社の山田です。明日はよろしくお願いします。

・明日、12時にホテル○○でお目にかかります。

・それでは明日12時に御社にうかがわせていただきます。

(대면하기 전 메시지를 보내는 경우)

○○사 야마다입니다. 내일 잘 부탁합니다.

내일, 12시 ○○호텔에서 뵙겠습니다.

그럼 내일 12시 회사로 찾아뵙겠습니다.

（対面後にメッセージを送るとき）

・今日はお時間を割いていただいて、ありがとうございました。

・今日は名刺を切らしてしまい、申し訳ありませんでした。

・今後ともお世話になります。

(대면 후 메시지를 보내는 경우)

오늘 시간을 내 주셔서 감사했습니다.

오늘은 명함이 없어서 죄송했습니다.

앞으로도 신세 지겠습니다.

2. 메일 업무 연락

(メールアドレスについて確認するとき)

(메일 주소를 확인할 경우)

・担当の方のメールアドレスを教えていただけますか。

담당하는 분의 메일 주소를 가르쳐 주시겠습니까?

・担当者である山田のメールアドレスは次のとおりです。

담당자인 야마다의 메일 주소는 다음과 같습니다.

・木村様のメールアドレスは次のとおりで間違いありませんか。

기무라 님의 메일 주소는 다음이 맞습니까?

(メール受信を確認するとき)

(메일 수신을 확인할 경우)

・abc123@○○○.comに資料をお送りしました。ご確認ください。

abc123@○○○.com에 자료를 보냈습니다. 확인해 주십시오.

・昨日、メールをお送りしましたが、ご確認いただけましたか。

어제 메일을 보냈습니다만, 확인해 주셨는지요?

・昨日、メールをいただく予定でしたが、まだ来ていないのですが…。

어제 메일을 주신다고 하셨습니다만, 아직 오지 않습니다만….

(メールの送信を知らせるとき)

(메일 송신을 알릴 때)

・さきほど、メールをお送りしました。ご確認ください。

좀 전에 메일을 보내드렸습니다. 확인해 주십시오.

・いま、メールをお送りしました。ご確認をお願いします。

지금 메일을 보내드렸습니다. 확인을 부탁드립니다.

・会社に戻り次第、メールをお送りします。

회사에 돌아가는 대로 메일을 보내드리겠습니다.

3. 전화 업무① (사내)

(他部署から電話が来たことを知らせるとき)

- 営業部の吉田さんから電話がありました。
- 人事部の佐藤さんから電話です。
- 金さん、電話がありました。経理部の佐藤さんからです。

(타부서에서 전화가 온 것을 알려줄 때)

영업부 요시다 씨한테 전화가 왔었습니다.

인사부 사토 씨 전화입니다.

김○○ 씨, 전화 왔었습니다. 경리부 사토 씨한테요.

(他部署へ電話をかけるように言うとき)

- 人事部の木村さんに電話をお願いします。
- 内線4321に電話してください。
- 至急、営業部の山本さんに電話を入れてください。

(타부서에 전화를 걸도록 전달할 때)

인사부의 기무라 씨에게 전화 부탁합니다.

내선 4321로 전화해 주세요.

아주 급히 영업부 야마모토 씨에게 전화를 해 주세요.

(本人の不在中に、どのように対応したかを伝えるとき)

- 経理部の佐藤さんに不在を伝えました。
- 今、外回りに行っていると伝えました。
- 営業部の木村さんに吉田さんは3時ごろに戻ってくると伝えました。

(당사자가 부재중, 어떻게 대응했는지 전달하는 경우)

경리부 사토 씨에게 부재라고 전했습니다.

지금 외근하러 갔다고 전했습니다.

영업부 기무라 씨에게 요시다 씨는 3시쯤 돌아올 거라고 전했습니다.

4. 전화 업무② (사외)

(取引先から電話が来たことを連絡するとき)

(거래처에서 전화가 온 것을 연락해 주는 경우)

・○○社の吉田さんからお電話がありました。

○○사 요시다 씨로부터 전화가 왔습니다.

・○○社の佐藤さんからお電話です。

○○사 사토 씨 전화입니다.

・金さん、お電話がありました。○○社の佐藤さんからです。

김○○ 씨, 전화가 왔었어요. ○○사 사토 씨로부터요.

(取引先に電話をかけるように伝えるとき)

(거래처에 전화를 걸도록 전하는 경우)

・○○社の木村さんに電話をお願いします。

○○사 기무라 씨에게 전화 부탁합니다.

・○○社に電話してください。

○○사에 전화해 주세요.

・至急、○○社の山本さんに電話を入れてください。

아주 급히 ○○사 야마모토 씨에게 전화를 걸어 주세요.

(本人の不在中に、どのように対応したかを伝えるとき)

(당사자가 부재중 어떻게 대응했는지를 전달하는 경우)

・○○社の渡辺さんに不在を伝えました。

○○사 와타나베 씨에게 부재를 전달했습니다.

・今、取引先に行っていると伝えました。

지금 거래처에 나가있다고 전달했습니다.

・○○社の木村さんに本人は3時ごろに戻ってくると伝えました。

○○사 기무라 씨에게 3시쯤 돌아올 거라고 전달했습니다.

5. 업무 의뢰

(部下に業務依頼するとき)　(부하에게 업무를 의뢰할 때)

・山田くん、このファイルのデータを入力してくれる？

야마다 군, 이 파일 데이터 좀 입력해 주겠어?

・木村くん、明日までに見積書を作成してもらえる？

기무라 군, 내일까지 견적서 작성해 줄 수 있어?

・木村さん、先月の売り上げデータをまとめてほしいんだけど。

기무라 씨, 지난달 매상 데이터를 정리해 주었으면 하는데,

(同僚に業務依頼するとき)　(동료에게 업무를 의뢰할 때)

・木村さん、明日、早めに会社に来てくれますか。

기무라 씨, 내일, 회사에 조금 일찍 와 줄래요?

・佐藤さん、昨日、渡したリストの物を発注してもらえますか。

사토 씨, 어제 건넨 물품 리스트를 발주해 줄 수 있어요?

・山田さん、あさって、私のかわりに○○社に行ってもらえませんか。

야마다 씨, 내일 모레 나 대신 ○○사에 가 줄 수 있어요?

(先輩に業務依頼するとき)　(선배에게 업무를 의뢰하는 경우)

・木村さん、先月の売り上げデータを送っていただけますか。

기무라 씨, 지난달 매상 데이터를 보내 주시겠습니까?

・吉田先輩、発注リストをチェックしていただけますか。

요시다 선배, 발주 리스트를 체크해 주시겠습니까?

・先輩、見積書の内容を確認していただけませんか。

선배, 견적서 내용을 확인해 주시겠습니까?

6. 업무 보고

(業務の前に報告するとき)

- これから○○社に行って商談を進めます。
- 3時まで△△社と打ち合わせをして、4時頃に帰社します。
- 商談が済んだら報告します。

(업무 전에 보고할 때)

이제부터 ○○사에 가서 상담을 진행합니다.

3시까지 △△사와 협의를 하고 4시쯤 복귀하겠습니다.

상담이 끝나면 보고하겠습니다.

(業務の後に報告するとき)

- ○○社との契約が成立しました。
- △△社に難色を示されました。
- ○○社には、こちらの条件を飲んでもらえませんでした。

(업무 뒤에 보고할 때)

○○사와의 계약이 성사되었습니다.

△△사가 난색을 표했습니다.

○○사가 우리 쪽의 조건을 받아들여 주지 않았습니다.

(業務に関する指示を請うとき)

- ご指示をお願いします。
- ○○社が納期を早めてほしいそうです。どうすれば良いでしょうか。
- ○○社が言うことには「単価が高い」とのことです。どうしましょうか。

(업무에 관한 지시를 요청할 때)

지시를 부탁드립니다.

○○사가 납기를 당겨주었으면 합니다. 어떻게 하면 좋을까요?

○○사가 말하기를 '단가가 높다'라고 합니다. 어떻게 할까요?

Ⅳ. 비즈니스 주요 용어

*50음도 순

	단어	영문표기	의미
1	B to B ビートゥービー	B to B	企業間取引。企業が企業に対して事業を行うこと。 「B」はBusiness
2	Iターン アイターン		首都圏から出身地ではない他の地域へ行くこと。
3	OEM オーイーエム	OEM	発注する企業の名義やブランドの名前で製品を製造すること。
4	OffJT オフジェーティー	off job training.	実際に業務を行う前に、業務内容に関する訓練を行うこと。実地外訓練。
5	OJT オージェーティー	on job training.	実際の業務を通して、業務内容を身につけること。実地訓練。
6	POS ピーオーエス	POS	店で商品を販売するときデータを蓄積し、売上や在庫の管理をするシステム。
7	Uターン ユーターン		進学などで上京した人が出身地に戻ること。
8	Win-Win ウィンウィン	win-win	お互いに利益がある関係性。
9	アーカイブ	archive	ネットワークにおいて大量のデータを保管する場所。
10	アサイン	assign	特定の事業に人員を割り当てること。
11	アジェンダ	agenda	会議において、やるべき事を事前にまとめたもの。
12	アジャイル	agil	良いものを早く開発しようという方法の総称。特にソフトウェア開発で使う。
13	アセスメント	assessment	対象が周囲に与える影響を評価すること。
14	アナウンス	announce	企業からのお知らせ。
15	アフィリエイト	affiliate	WEB上での成功報酬型広告

16	アポイントメント (アポ)	apointment	ビジネス上の約束。特に商談の約束。
17	アライアンス	alliance	企業同士がお互いに利益を得るために結ぶ協力関係。
18	アルゴリズム	algorithm	課題や問題を解決するために明確化された手順。
19	イニシアチブ	initiative	主導権。自ら率先すること。
20	イノベーション	innovation	新しいアイディアや技術で利益をもたらす革新のこと。
21	インキュベーション	incubation	新たなビジネスを始めようとしている人や企業に対して行う成長を促進させるための支援活動。
22	インセンティブ	incentive	人や会社の主体性・積極性を向上させるための対策。
23	インバウンド	inbound	①観光目的で訪日する外国人。 ②顧客の来訪や電話を受け入れること。
24	インフルエンサー	influencer	人々の消費行動に影響を与える人。
25	オブザーバー	observer	会議などに参加して発言はするが、議決権を持たない人。
26	ガラパゴス化 ガラパゴスか		商品やサービスが日本独自で発展したために、外国製の商品やサービスとの互換性を失った状態。
27	カンファレンス	conference	会議。協議。数人程度の規模の小さいものから数百人程度の規模の大きいものを指す。
28	キャッシュフロー	cash flow	現金の収入と支出の流れ。
29	キャパシティ (キャパ)	capacity	①収容人数。 ②課題に対する能力や精神面での許容量。
30	キュレーション	curation	インターネット上の情報を収集し、まとめること。
31	クラウドコンピューティング (クラウド)	crowd computing	コンピューターを使った処理、データの保存をインターネット経由で利用できるサービス。

32	グランドデザイン	grand design	長期間の未来にわたる全体構想。十年単位で構成される未来構想案。
33	コーポレートガバナンス	Coporate Governance	企業が適切な経営を行うために監視すること。
34	コストパフォーマンス(コスパ)	cost performance	費用対効果。費用に対する結果の効率性。
35	コミッション	commission	手数料。斡旋料。
36	コミットメント/コミット	commitment/commit	企業が目標を明言し、達成しようという責任や意気込みを示すこと。
37	コモディティ	commodity	ある製品の品質や機能に製造会社ごとの特徴が稀薄になった状態。
38	コンサルティング/コンサルタント(コンサル)	consulting/consultant	経営者などに対して解決策を提示し、企業の成長を助ける業務や、それを行う人。
39	コンシューマー	consumer	一般の消費者のこと。企業ではなく、個人の消費者を指す。
40	コンセンサス	consensus	プロジェクトなど進めるときに、前もって関係者の間で意思を一致させること。
41	コンプライアンス	compliance	法令遵守。企業が業務内容と関連がある法令を守ること。
42	サードパーティ	third party	ある企業と、その提携企業が構築したビジネスモデルに第三者として関わる企業。
43	サステナビリティ	sustainability	持続可能性。ある状態や事柄を継続させること。
44	サプライヤー	supplier	原料や材料を供給する業者または人。
45	シーズ	seeds	企業が持っているノウハウの中で、製品化できる可能性があるもの。
46	シナジー	synergy	相乗効果。企業が複数の事業を運営することで、単独で運営した場合よりも大きな効果を生み出すこと。
47	スキーム	scheme	目的を達成するための段取り、資金、人員、調達方法などの計画。

48	スタートアップ	startup	創業から2〜3年程度の期間。
49	ステークホルダー	stakeholder	株主、経営者、従業員、顧客など企業活動にかかわるすべての人。
50	セクシュアルハラスメント(セクハラ)	sexual harassment	性的な嫌がらせ。
51	セグメント	segment	① 事業の種類、営業の対象地域などの区分単位。 ② 購入者の年齢・性別・職業などの区分。
52	タスクフォース	task force	ある任務のために編成された部隊。プロジェクトチーム。
53	ダンピング	dumping	不当廉売。市場の健全な競争を無視し、安い価格で商品やサービスを売ること。
54	ディーラー	dealer	販売業者。メーカーと契約を結んでいてる販売代理店。
55	デフォルト(デフォ)	default	① 債務不履行。債権の発行者が破綻し、元本を保証することができない状態。 ②初期値。「それが当たり前だ、標準だ」という状態。
56	ニーズ	needs	需要。消費者がほしがっているものやサービス。
57	パラレルキャリア	parallel career	本来の仕事(本業)をしながら、第二の活動(副業)を行い、多様な経歴を身につけること。
58	バリアフリー	barrier free	高齢者や障がい者など、社会的に弱い立場にある人たちが社会で生活する上で支障になるものを取り除くこと。
59	パワーハラスメント(パワハラ)	powerharassment [일본어식 영어]	上司などが自分の権力や地位を利用して行う嫌がらせ。
60	ビジネスモデル	business model	利益を生み出すためのビジネスの仕組み。
61	フィードバック	feedback	商品やサービスに対する消費者の評価を企業に伝達し、商品やサービスの向上を図ること。
62	フェーズ	phase	プロジェクトを進める上での段階。局面。
63	ブラック企業		労働形態や賃金などに関する法令を守らず、過酷な労働を社員に強制する企業。
64	ブラッシュアップ	brush up	現在の状態から、さらに優れた状態に磨き上げる(brush up)こと。

65	ブランディング	branding	消費者にとって、より価値があるブランドを構築するための活動。
66	ブレインストーミング(ブレスト)	brainstorming	それぞれがアイディアを出し合い、豊かな発想を生み出すための会議の手法。
67	フレキシブル	flexible	融通性。融通がきく。臨機応変。
68	フレックスタイム	flextime	労働時間の合計だけを決め、出勤時間と退勤時間は労働者が自主的に決める労働形態。
69	フロー	flow	作業や製造の工程。
70	プロモーション	promotion	商品の販売を促進するための様々な活動。
71	ベンダー	vendor	製品を供給する業者。
72	ベンチマーク	benchmark	良い企業の優れている点を分析、学習し自社に取り入れること。
73	ベンチャーキャピタル	venture capital	ベンチャー事業に資本を供給することを業務とする会社や組織。
74	ボトルネック	bottle neck	全体的な作業の効率を下げて、問題や障害になっている部分。
75	マージン	margin	売買によって発生する差額を利益とすること。利ざや。
76	マイルストーン	milestone	プロジェクトがどこまで進んでいるかを確認するためのポイント。中間目標点。節目。
77	メンター	mentor	仕事に関する知識やスキルなどについて効果的にアドバイスしてくれる指導者。
78	モジュール	module	複雑なシステムを構築するために使われる交換可能な要素や部品。その要素や部品は独立した機能を持つ。
79	ユビキタス	ubiquitous	いつでも様々な機器を使ってネットワークに接続し、場所に関係なく活動できるようにして、利便性を高めようという考え方。
80	ランニングコスト	runnning cost	機械や設備などを稼働していることで発生するコスト。
81	リードタイム	lead time	発注から納品までにかかる時間。

82	リコール	recall	製品に欠陥が見つかった場合、メーカーが欠陥の事実を公表して、回収や修理を行うこと。
83	リスクヘッジ	risk hedge [일본어식 영어]	危険を予測し、それを避けるための対策をとること。
84	リスクマネジメント	risk management	リスクを組織的に管理し、損失の回避を図るプロセス。
85	リストラクチャリング(リストラ)	restructuring	もともとは「事業の再構築」を意味するが、「リストラ」と言えば「社員の解雇」を意味する。
86	レスポンス(レス)	response	消費者や取引先からの反応。
87	レセプション	reveption	①受付や受付業務。②ビジネスでの歓迎会や披露宴。
88	レバレッジ	leverage	多額の資本を投じた場合と同じ程度の利益を、少ない資本で達成させようとする事。
89	ロードマップ	road map	事業を達成するまでの作業工程や問題点、優先順位などを時系列で示したもの。
90	ロールモデル	roll model	行動や考え方の手本として、学ぶ対象になる人。
91	ロジスティック	logistics	材料の調達から物流、販売までの流れ。合理化するためのシステム。
92	ロット	lot	同じ製品や部品を生産する時の最小製造単位。
93	ワークライフバランス	work-life balance	仕事と家庭を両立させるためのバランス。

종합 연습 정답

PART 1

自己紹介 자기소개

 1과

종합 연습 정답

회화 연습 1

1. はじめまして　　2. 申します

3. お世話になります　　4. こちらこそ

회화 연습 2

1. 失礼です　　2. お読みすれば　　3. 申し

4. 様

 2과

종합 연습 정답

메일 작성 1

1. いただきます　　2. 弊社　　3. させて

4. 存じます

메일 작성 2

1. 至らぬ　　2. うかがい　　3. 取り急ぎ

4. 失礼いたします

PART 2

メールの業務連絡 이메일 업무 연락

 3과

종합 연습 정답

회화 연습 1

1. お願いしたいんですが　　2. 誠に

3. 送らせていただきます　　4. いただけますか。

회화 연습 2

1. のでしょうか　　2. いただけますか

3. 次第　　4. お送りします

 4과

종합 연습 정답

메일 작성 1

1. おります　　2. にて　　3. ください　　4. ご

메일 작성 2

1. お世話になっております　　2. いたします

3. ください　　4. まで

PART 3

電話の応対(社内) 전화 업무(사내)

 5과

종합 연습 정답

회화 연습 1

1. ことで　　2. たいことがあるんですが

3. 取り次ぎますね　　4. 代わりました

회화 연습 2

1. ことで　　2. ことがあるんですが

3. 取り次ぎます　　4. お電話かわりました

 6과

종합 연습 정답

메일 작성 1

1. させて　　2. おります　　3. つきまして

4. 草々。

메일 작성 2
1. いただいた 2. したい 3. つきましては
4. ください

7과

종합 연습 정답

회화 연습 1
1. 席を外し 2. いたしましょうか
3. 念のため

회화 연습 2
1. でございます 2. かしこまりました
3. 申し伝えます 4. 承りました

8과

종합 연습 정답

메일 작성 1
1. ありました 2. とのことでした 3. 次第

메일 작성 2
1. お疲れ様です 2. とのこと 3. 折り返し

PART 5
業務依頼 업무 의뢰

9과

종합 연습 정답

회화 연습 1
1. いただけませんか 2. よろしい

회화 연습 2
1. 使われますか 2. 申し訳ないですが
3. いただけませんか 4. よろしいでしょうか

10과

종합 연습 정답

메일 작성 1
1. しまい 2. 助かります

메일 작성 2
1. しまい 2. 代わって 3. 助かります
4. おきます

PART 6
業務報告 업무 보고

11과

종합 연습 정답

회화 연습 1
1. 交わす 2. 見込み

회화 연습 2
1. そうです 2. までに 3. まで 4. 承知

12과

종합 연습 정답

메일 작성 1
1. いただけました 2. とのこと 3. 一存

메일 작성 2
1. ついて 2. いたします 3. かねる
4. 思います

외국어 출판 40년의 신뢰
외국어 전문 출판 그룹
동양북스가 만드는 책은 다릅니다.

40년의 쉼 없는 노력과 도전으로 책 만들기에 최선을 다해온 동양북스는
오늘도 미래의 가치에 투자하고 있습니다.
대한민국의 내일을 생각하는 도전 정신과 믿음으로 최선을 다하겠습니다.

📖 동양북스 추천 교재

일본어 교재의 최강자, 동양북스 추천 교재

회화 코스북

  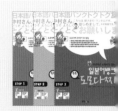

일본어뱅크 다이스키
STEP 1·2·3·4·5·6·7·8

일본어뱅크
좋아요 일본어 1·2·3·4·5·6

일본어뱅크 도모다찌
STEP 1·2·3

분야서

일본어뱅크
좋아요 일본어 독해 STEP 1·2

일본어뱅크
일본어 작문 초급

일본어뱅크
사진과 함께하는
일본 문화

일본어뱅크
항공 서비스 일본어

가장 쉬운 독학
일본어 현지회화

수험서

일취월장 JPT
독해·청해

일취월장 JPT
실전 모의고사 500·700

일단 합격하고 오겠습니다
JLPT 일본어능력시험
N1·N2·N3·N4·N5

일단 합격하고 오겠습니다
JLPT 일본어능력시험
실전모의고사 N1·N2·N3·N4/5

단어·한자

특허받은
일본어 한자 암기박사

일본어 상용한자 2136
이거 하나면 끝!

일본어뱅크
좋아요 일본어 한자

가장 쉬운 독학
일본어 단어장

일단 합격하고 오겠습니다
JLPT 일본어능력시험
단어장 N1·N2·N3

중국어 교재의 최강자, 동양북스 추천 교재

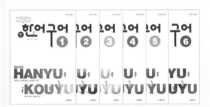

중국어뱅크 북경대학 신한어구어
1 · 2 · 3 · 4 · 5 · 6

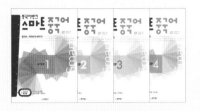

중국어뱅크 스마트중국어
STEP 1 · 2 · 3 · 4

중국어뱅크 집중중국어
STEP 1 · 2 · 3 · 4

중국어뱅크
뉴! 버전업 사진으로
보고 배우는 중국문화

중국어뱅크
문화중국어 1 · 2

중국어뱅크
관광 중국어 1 · 2

중국어뱅크
여행실무 중국어

중국어뱅크
호텔 중국어

중국어뱅크
판매 중국어

중국어뱅크
항공 실무 중국어

정반합 新HSK
1급 · 2급 · 3급 · 4급 · 5급 · 6급

일단 합격 新HSK 한 권이면 끝
3급 · 4급 · 5급 · 6급

버전업! 新HSK
VOCA 5급 · 6급

가장 쉬운 독학
중국어 단어장

중국어뱅크
중국어 간체자 1000

특허받은
중국어 한자 암기박사

📖 동양북스 추천 교재

기타외국어 교재의 최강자, 동양북스 추천 교재

중고급 학습

첫걸음 끝내고 보는
프랑스어
중고급의 모든 것

첫걸음 끝내고 보는
스페인어
중고급의 모든 것

첫걸음 끝내고 보는
독일어
중고급의 모든 것

첫걸음 끝내고 보는
태국어
중고급의 모든 것

첫걸음 끝내고 보는
베트남어
중고급의 모든 것

단어장

버전업! 가장 쉬운
프랑스어 단어장

버전업! 가장 쉬운
스페인어 단어장

버전업! 가장 쉬운
독일어 단어장

가장 쉬운 독학
베트남어 단어장

여행회화

NEW 후다닥
여행 중국어

NEW 후다닥
여행 일본어

NEW 후다닥
여행 영어

NEW 후다닥
여행 독일어

NEW 후다닥
여행 프랑스어

NEW 후다닥
여행 스페인어

NEW 후다닥
여행 베트남어

NEW 후다닥
여행 태국어

수험서·교재

한 권으로 끝내는 DELE
어휘·쓰기·관용구편 (B2~C1)

수능 기초 베트남어
한 권이면 끝!

버전업!
스마트 프랑스어

일단 합격하고 오겠습니다
독일어능력시험
A1 · A2 · B1 · B2